MEMEL
HEYDEKRUG
Nidden
Rossitten
Elchwinkel
Karkeln
Sarkau
Gr.Dirschkeim
Rauschen
Cranz
Palmnicken
Gilge
HEINRICHSWALDE
TILSIT
Memel
RAGNIT
Gr.Moosbruch
AdligNeuendorf
FISCHHAUSEN
KÖNIGSBERG
LABIAU
Pillau
Arnau
Tapiau
Pregel
Inster
SCHLOSSBERG
PILLKALLEN
Schirwindt
Bladiau
Kahlberg
HEILIGENBEIL
Kreuzburg
WEHLAU
Mühlhausen
BRAUNSBERG
Zinten
INSTERBURG
GUMBINNEN
EBENRODE
STALLUPÖNEN
Frauen-
burg
Waltersdorf
Allenburg
Tolkemit
PREUSS.
EYLAU
Domnau
Eydtkau
Eydtkuhnen
Cadinen
Friedland
Trakehnen
Landsberg
ELBING
Mühlhausen
Mehlsack
GERDAUEN
ANGERAPP
DARKEHMEN
Nordenburg
Beynuhnen
BARTENSTEIN
Schippenbeil
Alle
Krossen
PREUSS.HOLLAND
HEILSBERG
Krekollen
Barten
Rominten
Wormditt
Drengfurt
ANGERBURG
GOLDAP
Wuslack
Quittainen
Liebstadt
Bischofstein
Upalten
Schwenzaitsee
Guttstadt
Schönwiese
Santoppen
RÖSSEL
RASTENBURG
Saalfeld
MOHRUNGEN
Freudenberg
Seeburg
Heiligelinde
Mauersee
Bansen
LÖTZEN
TREUBURG
MARGGRABOWA
Liebemühl
Wartenburg
Bischofsburg
Rhein
Dietrichswalde
ALLENSTEIN
SENSBURG
OSTERODE
Nikolaiken
Arys
Deutsch-
Eylau
Hohenstein
Passenheim
LYCK
Gr.
Selment-
see
LÖBAU
Tannenbg.-
Denkm.
Kruttinna
Eckertsdorf
Tannenberg
Gilgenburg
ORTELSBURG
Niedersee
Roschsee
Gehlenburg
Bialla
JOHANNISBURG
Lautenburg
NEIDENBURG
Willenberg
Gorzno
SOLDAU

Rudolf Naujok · Georg Hermanowski

OSTPREUSSEN

Westpreußen · Danzig · Memel

Unvergessene Heimat

Rudolf Naujok · Georg Hermanowski

OSTPREUSSEN

Westpreußen · Danzig · Memel

Unvergessene Heimat

Mit 216 Großfotos
und 16 alten Stichen

FLECHSIG

Titelbild: Speicher im Hundegatt, Königsberg (Foto: Adam Kraft)
Landkarten und Wappen im Vor- und Nachsatz: Ernst R. Döring
Alte Stiche: Christoph Hartknoch, Alt- und Neues Preussen oder Preussischer Historien zwey Theile ... Frankfurt und Leipzig 1684
(Reproduktion: Anno Hermanowski)

Umwelthinweis:
Dieses Buch und der Umschlag wurden auf chlorfrei gebleichtem Papier gedruckt.
Die Einschrumpffolie – zum Schutz vor Verschmutzung – ist aus umweltverträglichem und recyclingfähigem PE-Material.

Sonderausgabe für Flechsig-Buchvertrieb
Genehmigte Lizenzausgabe für Verlagshaus Würzburg GmbH & Co. KG, Würzburg

Originalausgabe: Kraft Verlag, Würzburg
Gesamtherstellung: Egedsa, Sabadell
Printed in Spain 2001
ISBN 3-88189-154-4

ZWISCHEN WEICHSEL UND MEMEL

Das Bild der Heimat im Osten zwischen Weichsel und Memel – welch einen wunderbaren Rahmen bilden die beiden eigenwilligen Ströme – wie soll man es in seiner ganzen Fülle umfassen? Soll man informieren, berichten oder einfach erzählen? Wie soll man denjenigen etwas geben, die in dem Lande geboren sind, und zugleich diejenigen fesseln, die es nie betreten haben?

Beginnen wir mit dem dunklen Himmel Kants, an dem die Sterne gleichwohl heller leuchten in winterlicher Nacht als sonst irgendwo und so zum Gleichnis für einen jenseitigen Bezug werden. Der gestirnte Himmel und das moralische Gesetz, zu dem auch die Pflicht gehört, sind zwei weit voneinander liegende Begriffe, aber seit Kant sie als Einheit sah und formulierte, gehören sie zusammen und formen nicht nur östliches Schicksal, sondern deutsches allgemein, und das im Guten wie im Bösen.

Zum Himmel gehört der Wind, und der Wind ist etwas, das wir lieben. Er kann hier in einer eigenwilligen Freiheit über die unendliche östliche Weite ziehen, ohne daß sich ihm Gebirgskämme in den Weg stellen. Er kann die Ströme aufwühlen und in den vollen Kronen der hohen Sturmweiden rauschen, das Schilf wiegen, das Gras kämmen, die weißen Segel der Kähne auf den Seen und den Haffen mit seiner prallen Kraft erfüllen und die weißgekrönten Wellen der Ostsee in ewigem Rauschen an die Dünenwälle werfen. Er schläft selten und vermittelt den Eindruck des Beweglichen, des Reinen und des Frischen. Sein Rauschen kann man als ein großes Epos empfinden, und vielleicht liegt hier der Urbeginn der Dichtung, der Musik, der Frömmigkeit, des Grauens und der Angst.

Nicht zum wenigsten trägt er die weißen Sommerwolken auf seinen unsichtbaren Schultern. Wie träge Kähne ziehen sie am Himmelsmeer und spiegeln sich in dem Blau der vielen Seen. Gelassen wandeln sie sich zu Bildern der Phantasie, zu Bauten und Gestalten der Märchen und Sagen. Die Himmlischen sind immer auf dem Wege und halten ihre Hand über dem Land: Seeland, Handelsland, Hansaland, offenes Land bis zu den Wäldern der Grenze. Die Horizonte sind weit, und die Sonnenuntergänge ebenso farbengesättigt wie schmerzvoll.

Nichts hindert uns, mit den Wolken zu ziehen und auf dieser Traumfahrt, die aber doch alles Wirkliche und Schicksalhafte einbezieht, etwas vom Wesen dieses Landes zu erfahren. Wie sie brauchen wir uns nicht von den Grenzen aufhalten zu lassen, von den vielfachen Wandlungen und politischen Verschiebungen der Jahrhunderte. Betrachten wir das, was uns innerlich berührt und durch Geschichte und Leistung zu uns gehört, unabhängig von all dem, was inzwischen geschehen ist.

Ostpreußen war früher ein Land, das man nicht außerhalb der Welt zu suchen brauchte. Man hätte wohl schon mit der bloßen Andeutung einer derartigen Möglichkeit außerordentliches Befremden erregt. Gewiß lag es auch im Bewußtsein des Durchschnittsdeutschen etwas am Rande, immerhin war es in einigen Bahnstunden für jeden erreichbar.

Dann geschah es, daß Ostpreußen vor dem Blick der Deutschen wie hinter einer Nebelwand entschwand. Die Konturen waren eben nur noch erkennbar. Die nördliche Spitze, das Memelland, war abgebröckelt, und auch in der Südostecke um Soldau herum fehlten einige Abrundungen. Die Städte von Thorn bis Dirschau fielen an den polnischen Korridor, und Danzig blieb in Form einer Freien Stadt nur noch in loser Verbindung mit der alten Heimat. Ostpreußen war zur Insel geworden, zu einer Insel mitten im Lande. Man sprach, um den Inselcharakter zu unterstreichen, von einer slawischen Flut, die es rings umbrande.

Gleichwohl führten zwei Schienenstränge über Schneidemühl und Posen den Reisenden, wenn auch durch verlorenes Land, so doch wohlbehalten auf diese Insel. Und wie Inseln den Strom der Sommergäste immer anzulocken pflegen, so wurde Ostpreußen ein beliebtes Reiseziel. Ein wahrer Zauber ging von den Begriffen »Kurische Nehrung« – »Masuren« – »Samland« aus.

Reizvoller als eine Zugfahrt war die Benutzung des Ostseebäderdienstes. Gern erinnern wir uns der schönen Fahrten auf den Schiffen »Preußen« und »Hansestadt Danzig«, die wie zwei weiße Schwäne von Swinemünde aus in die blaue, sommerliche Ostsee stießen. Man stand an Deck, fütterte die Möwen und schaute auf die lange Dünenküste Pommerns, auf den Zoppoter Hafen, derweil die Sonne des Tags und die Sterne des Nachts sich im Wasser spiegelten. Man sah die niedrigen Dächer Pillaus und, wenn man weiterreiste, die Steilküste des Samlandes, die Dünen der Kurischen Nehrung und schließlich den Memeler Hafen mit den Molen und den weißen Petroleumtanks. Noch weiter stießen die Dampfer nach Norden hinauf, in das Land der kurzen Sommernächte, nach Finnland; Grenzen waren damals, trotz allem, eher Brücken als eiserne Vorhänge oder gar Mauern.

Dies alles ist anders geworden. Nicht nur, daß die beiden Ostseedampfer in der Tiefe des Meeres ruhen, auch die Insel Ostpreußen scheint wie ein sagenhaftes Vineta untergegangen zu sein. Man hört, man liest nur noch von ihnen. Jene, die besuchsweise die alte Heimat wiedersehen, finden ein gewandeltes, fremdes Land; viele bedauern, daß sie sich nicht mit dem Bilde, das sie im Herzen trugen, begnügt haben.

So scheint es, als führe nur noch ein verläßlicher Kahn auf diese Insel: die Erinnerung. Es ist kein Kahn mit dem stolzen Kurenwimpel, sondern ein schmales Boot des Traumes, der Phantasie. Die Älteren trägt es noch, aber für die Jugend wird es mehr und mehr zu einer Eisscholle.

DAS KULMER LAND

Wir stehen an der Weichsel. Von dem Mauerwerk der alten Ruine Dybow, die auf hohem Steilufer liegt, schauen wir nach Thorn hinüber, dem der mittelalterliche Volksmund den Namen »Königin der Weichsel« gab. Zwei Brücken spannen sich über den Strom, unter ihnen rauscht das Wasser strudelnd und kreiselnd in das alte Prussenland. Namen rufen Vergangenes wach, Thorn und Bromberg, Schwetz und Kulm, das hohe Graudenz, das alte ruinenversponnene Mewe, die stolze Marienburg, Dirschau und Marienwerder und die ganze herrliche grüne Weite am Ostseestrand, diese Wiege der Völker, aus der Danzig mit seinen Türmen und Kirchen und seinem geschichtlichen und weltweiten Mythos uns ernst anblickt. Zwei Landschaften sind es, die der Strom zu umschließen scheint. Zunächst die Landschaft, die sichtbar vor unseren Augen liegt, das ganze weite Stromtal mit seinen hohen Bäumen, seinen Burgen und Ruinen, mit seinen stillen, behaglichen Dörfern und den Weiden, auf denen das Vieh grast.

Aber da ist auch eine klare Landschaft der Geschichte, die sich seltsam mit jener ersten mischt und ihr Glanz und Ruhm verleiht. Wir sehen die ersten Ritter des Deutschen Ordens an den Strom reiten und hinüberspähen in das Land, das sie im Auftrage der Päpste und des christlichen Abendlandes, nicht zuletzt gerufen durch den polnischen Herzog Konrad von Masowien, zum Christentum bekehren sollen. Sieben Ritter waren es, so karg fing es an.

Der Ort, da ein neuer Geschichtsabschnitt für den Osten eingeleitet wurde, war Thorn. Man spürt den Geist des Ordens um Kirche und Burg und die Atmosphäre mittelalterlichen Bürgertums in den Straßen mit den schönen alten Giebelhäusern. Das Rathaus, das mit seinem wehrhaften Turm die roten Dächer der Stadt überragt, steht als burgartiges Viereck wuchtig und schmucklos vor uns. Eine schlichte Gedenktafel berichtet: »Bürgermeister Gottfried Rösner und elf Bürger Thorns starben am 7. Dezember 1724, getreu bis in den Tod.« Das war das Thorner Blutgericht, eine Tragödie aus völkischem und religiösem Haß. Nicht nur jene Männer wurden enthauptet, sondern auch die Kirchen sehen aus, als ob man ihnen die Türme herabgeschossen hätte. Da ist die Johanneskirche, die Jakobskirche am Markt mit einem schönen Chorgiebel und einer reichen Barockkultur im Innern und die Marienkirche.

Ihrem großen Sohn Nikolaus Kopernikus hat die Stadt vor dem Rathaus ein Denkmal errichtet. Er steht da, die Weltkugel in der linken Hand, und wir lesen: »Der die Erde sich bewegen, Sonne und Mond stillstehen hieß.« So Gewaltiges ging von hier aus. Das Ordensschloß ist nur zum Teil erhalten, die Stadtmauern bröckeln und geben neuem Leben Raum. Der Artushof und die reichen Giebelhäuser erzählen aus der Zeit, da Thorn der Umschlagplatz für Holz und Getreide aus Polen war und als Hansestadt zeitweise mehr Bedeutung als Danzig besaß. Die Erinnerung an Gustav

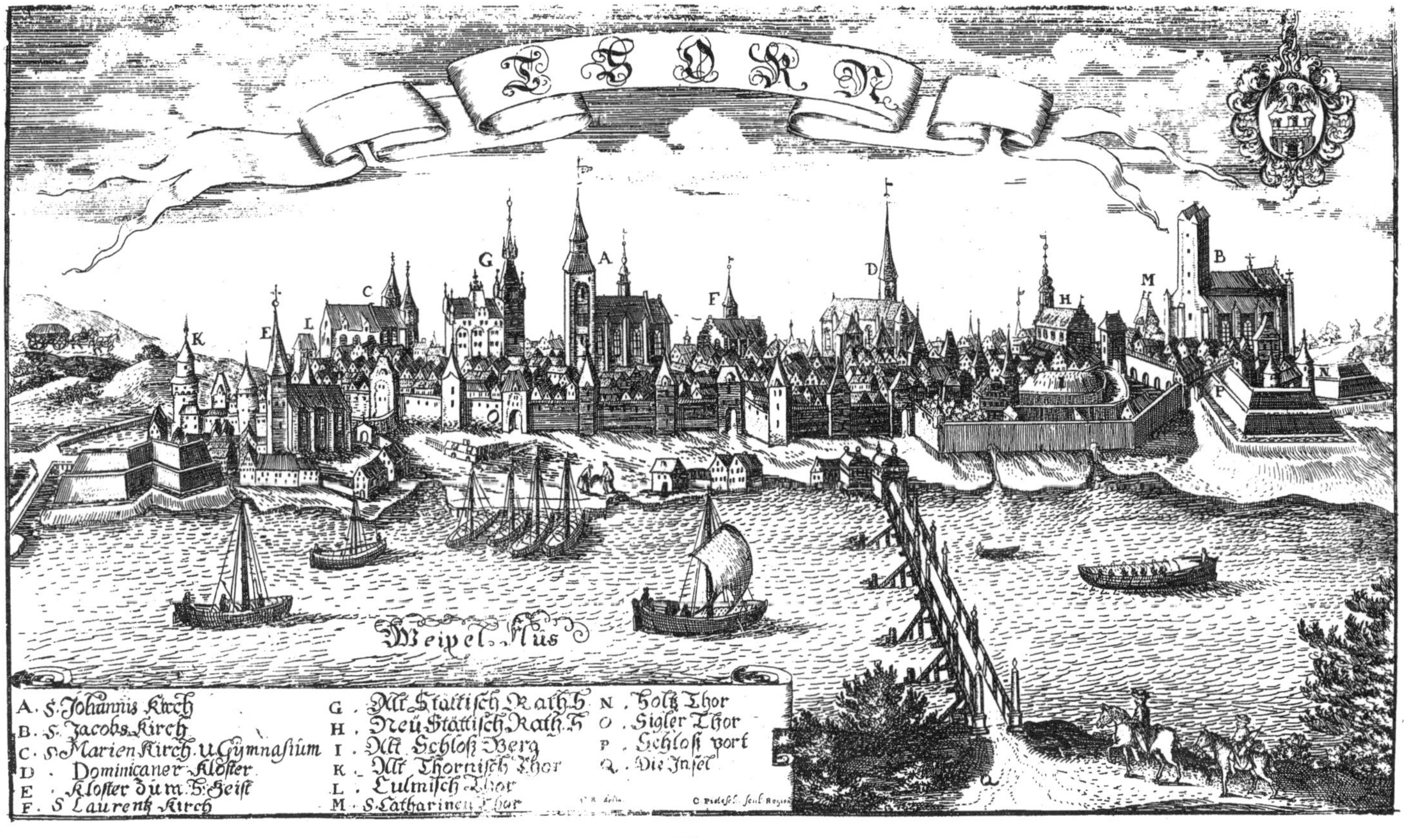

Thorn

Freytag und seine »Ahnen« geistert ein wenig durch die Straßen, die vom Alter gedunkelt sind. Plötzlich denkt man auch an die Thorner Pfefferkuchen und an die Genüsse der Kinderzeit, an Weihnachten und die Steinpflasterrollen, die man auf dem Jahrmarkt erstehen konnte. Die alten Chroniken berichten, daß man in dieser Gegend trotz des rauhen Klimas noch einen guten Wein gekeltert habe. Johannes Trojan, der beliebte Kinderliederdichter vergangener Jahrzehnte, schreibt in seinen Erinnerungen, es müsse ein Vergnügen sein, hier zu wohnen.

Vor dem Ersten Weltkrieg sammelten sich in Thorn die Holzflößer aus dem Innern Rußlands, die sogenannten Flissaken, um mit ihren großen Holztriften den Strom hinabzusegeln. Sie wohnten in Strauchbuden auf den Flößen und waren ein recht romantisches Geschlecht, nicht nur durch ihre bunten Flicken, sondern vor allem durch ihre schwermütigen Lieder, die sie am Abend über den Strom erschallen ließen. Es war keine Kleinigkeit, den Tücken des Stromes zu widerstehen und an Sandbänken und Buhnen bei der reißenden Strömung vorbeizukommen.

An der Brahe, nicht weit vom Weichselknie, grüßen die roten Dächer und Türme Brombergs, einer sauberen, modernen Stadt. Die ersten Besiedler, wie auch in Thorn, waren Westfalen. Die Verwandtschaft hinderte sie jedoch nicht, sich gegenseitig die Frachtschiffe auf der Weichsel zu rauben. Wir sehen von der Uferstraße dem Leben und Treiben auf den Schiffen gern zu. Die Schiffer rauchen wie überall auf der Welt ihre Pfeifen. Die Frauen sitzen am Steuer und stricken, und hinter den kleinen Kajütenfenstern mit den Spitzengardinen sieht man ab und zu einen blonden Kinderschopf. Die Kähne haben weite Wege durch den Bromberger Kanal zur Netze, zur Oder und bis nach Berlin hin.

Weiter rollt die Weichsel. Nichts hält sie auf, nicht das kleine Brahemünde, nicht die Brückenpfeiler von Fordon, nicht das alte prussische Raubnest Wischegrod, das sich den Ordensrittern einst tapfer entgegenstellte. Alte Wälder blauen in der Ferne und ziehen sich durch tiefe Schluchten, urwaldhaft und naß, bis an das Ufer hin. Wilder Hopfen umrankt die Riesenstämme der Eichen und Pappeln, Brombeergesträuch durchzieht den Waldgrund. Die ganze Landschaft in ihrem üppigen Grün scheint von der gewaltigen Kraft des Stromes gespeist, der unterirdisch alles durchblutet.

Plötzlich erheben sich auf dem Rande des Ufers die Türme Kulms wie stumme Wächter. Diese Stadt gab dem weiteren Osten das kulmische Recht, sie spielt im Auf und Ab der Ordensgeschichte, auch in der Tragödie mit den verräterischen Landjunkern des Eidechsenbundes, eine große Rolle. Frei steht das kleine weiße Rathaus, das wie eine jüngere Schwester des Posener Rathauses anmutet, auf seinem Platz. In dieser kleinen Stadt stand die Wiege von Hermann Löns, der wußte, was der Rabe ruft und was die Eule singt. Er erzählt in seinen Erinnerungen, der polnische Hausbesitzer habe seinem Vater drei Monatsmieten geschenkt, weil durch seine Geburt ein alter Zauber, in diesem Hause könnten keine Kinder geboren werden, gebrochen worden war.

Ähnlich wie Kulm liegt auch Stadt und Festung Graudenz auf hohem Weichselufer. Malerisch kleben die kleinen Häuser unten an der Burgmauer, beschützt von den gewaltigen Bögen der Weichselbrücke. Man denkt an den alten Courbière, den die Franzosen 1806 mit der Bemerkung zur Übergabe aufforderten, es gäbe keinen König von Preußen mehr. Ihnen antwortete er stolz: »So gibt es doch noch einen König von Graudenz!« Im Garten der Kommandantur liegt das Grab dieses Preußen aus französischem Blut. Wir sehen das helle Rathaus mit dem schlanken Zwiebelturm, den massigen Bau der Nikolauskirche und den alten Bergfried des ehemaligen Ordensschlosses, der von einem bewaldeten Hügel herübergrüßt. Auf den Wällen hat Friedrich der Große mit seinem Krückstock Bauanweisungen für die Festung gegeben, und in den dunklen Kasematten verlebte Fritz Reuter seine »Festungstid«. Er hat Graudenz in diesem Volksbuch eine trotz allem gute Erinnerung bewahrt.

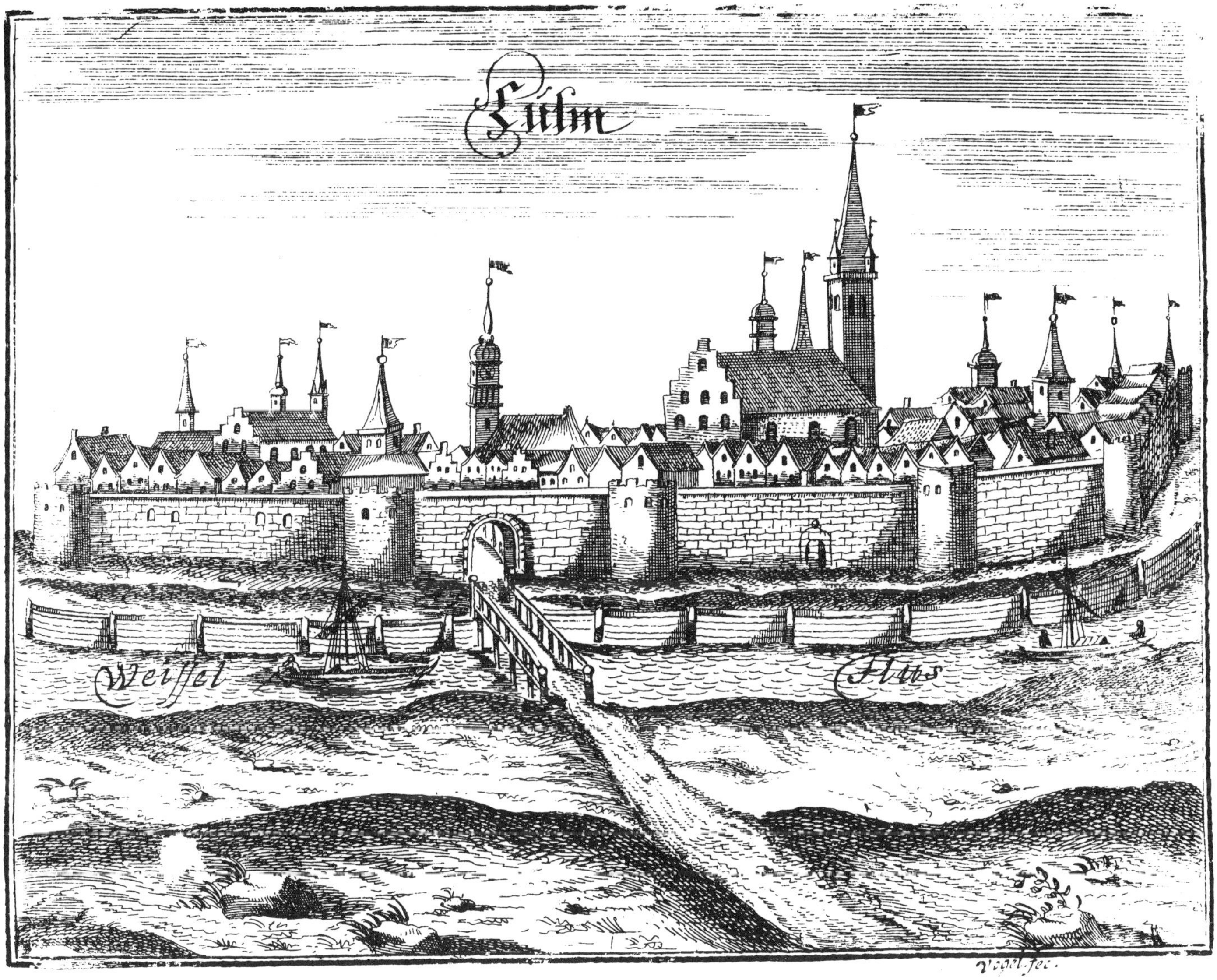

Kulm

IM WESTLICHEN PREUSSEN

Parallel zum Strom laufen Nebenströme, sogenannte tote Arme, die sich häufig zu verschilften Teichen erweitern. Grünes Entenflott, weiße Seerosen und die öligen Blätter der Mummeln ruhen still auf dem dunklen Wasser. Die Frauen auf den Feldern tragen Tücher, der Wind flattert in ihren Röcken, wie er auch mit den Netzen spielt, welche die Fischer vor den Häusern aufgehängt haben. Man sieht manche Dörfer auf diese Weise wie hinter Schleiern, gleichsam im Bildschnitt des Geheimnisvollen.

Im Herbst wird der Wind fester, die Kähne sind beladen mit den Früchten der Felder, mit Heu, Gemüse und Kartoffeln, es riecht nach Wasser und Teer. Möwen wiegen sich schon auf der Flut, und an den Ufern bilden sich Wasserlachen vom Regen. Es dauert dann nicht mehr lange, bis der Schnee die weite Ebene zudeckt. Der große Strom ist plötzlich verschwunden, als sei er zu einem schlafenden Feld geworden. Schlitten läuten die Uferzeilen auf und ab, und die Brücken wären als Übergang fast überflüssig geworden, hätten sie nicht die rollenden Züge zu tragen. Bläulich schimmert das Schneelicht über der Weite, und die funkelnde Wintersonne entzündet in den Fenstern der Dörfer und Städte ein kurzes Feuerwerk, ehe sie scheidet.

Die Märzsonne brennt Löcher in die Stromdecke und macht das Eis morsch. Eines Tages, oder meistens in der Nacht, erwacht der Strom wie aus langem Schlaf. Es knallt und donnert urwelthaft in ihm, und der Schall des aufspringenden Eises rollt dumpf und donnernd über die Weichsellandschaft. Das Grollen wandert deutlich nach Norden zum Meere hin. Das Wasser quillt wie aus unsichtbaren Fontänen zwischen den Rissen des Eises hervor. Mächtige Schollen heben sich, von unsichtbarer Hand getragen, schütteln sich wie erwachende riesenhafte Tiere und sinken zertrümmert auf das Wasserfeld.

Fast gleichzeitig mit dem Eisgang stürzt das Hochwasser über die Niederung, aber die hohen Weichseldeiche halten. Der Deichhauptmann ritt mit ernstem Gesicht durch die von vielen Laternen erleuchtete Nacht; viele Dichter der Landschaft erzählen von ihm, denn die Dämonie dieses elementaren Aufbruches zwang sie zur Gestaltung. Da war ein Deichhauptmann, der sich von seinem Kartenspiel nicht rechtzeitig trennen konnte und darüber die Eiswache vergaß. Seine Leute riefen: »Herr Deichhauptmann, dat Woater, dat stiggt!«, aber er nahm das von der leichten Seite. Als er sich dann doch auf sein Pferd schwang, stürzten die Wassermassen schon Tod und Verderben bringend in das fruchtbare Werder. In seiner Verzweiflung gab er seinem Pferd die Sporen und sprang in die brausende Tiefe hinunter.

Es ist vieles an dieser Geschichte, was an Storms »Schimmelreiter« erinnert, und vielleicht ist das auch kein Zufall; denn die Besiedlung des Weichselmündungslandes ist zum großen Teil aus niederdeutschem Raum erfolgt.

Es kommt ein neuer Frühling im Wechsel des Jahres, die Weidenbüsche wuchern wieder, und die Wiesen werden bunt von Sumpfdotterblumen, Lichtnelken, Wiesenschaumkraut und Wollgras und dem ganzen Heer der schlanken Wiesengräser. Die Frösche quaken unentwegt, die Nachtigallen schlagen in den Weichselbüschen.

Viele Dichter haben den Weichselstrom besungen, wie könnte es anders sein? Greifen wir zu Franz Lüdtke und seinem »Spätherbstlied«, das etwas Wesentliches von der Stimmung dieser Landschaft einfängt:

»Hastig, ein stürmischer Reiter,
die graue Wolke flieht,
Längs der dämmernden Ufer
ein Schwarm von Krähen zieht.

Kalt über Wiesen und Moore
schleift der Abendwind,
Schäumend um Schilf und Buhnen
die dunkelnde Weichsel rinnt.

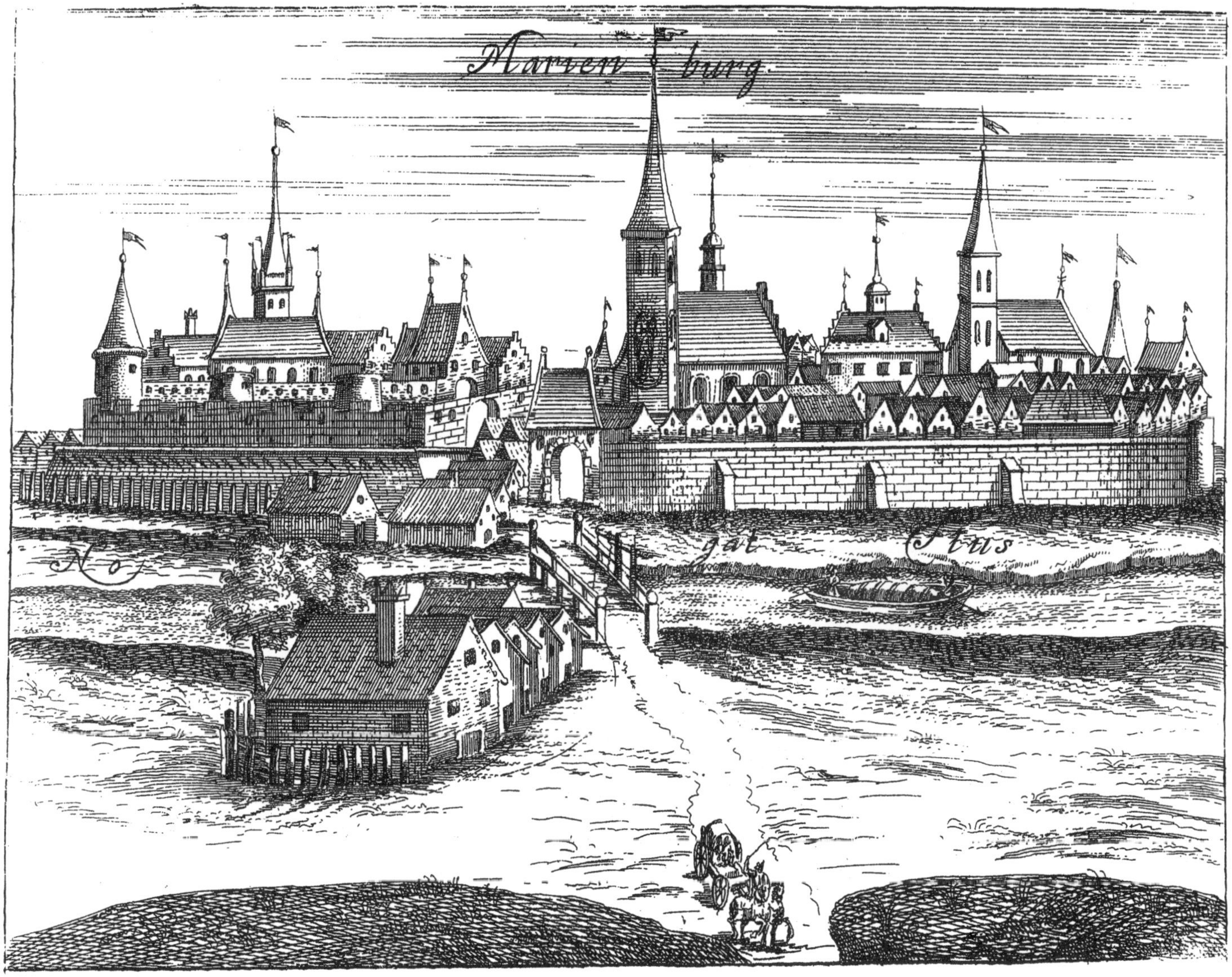

Marienburg

Einsam auf steilen Stegen
wandern wir Hand in Hand,
Schreiten über die Äcker
wie durch des Lebens Land.

Tragen im Herzen beide
tief ernste Ruh,
Feierlich wallt der Strom
der ewigen Heimat zu.«

Ewige Heimat ist etwas, das man in diesem Lande zwischen gotischen Kirchen und Backsteinburgen des Ordens deutlich empfindet. Die mittelalterliche Frömmigkeit umfing das Himmlische wie das Irdische in Staat, Kultur und Wirtschaft in gleicher Hingabe. Muttergottesbilder hier und da, Marienwerder, Marienburg und als Höhepunkt St. Marien in Danzig, das alles ist nicht allein religiöse Hingabe, sondern ein dynamisches Lebensgefühl, das seine Kraft in die feinsten Adern alles Wollens und Gestaltens hineintrug. Man könnte von steingewordenem Gottesgefühl sprechen, in das sich auf seltsam lebendige Art ein unübersehbarer Hauch der Geschichte mischt, die das Odium des Tragischen und Episodenhaften trägt, und zwar für beide Völker, die um diesen Raum ringen, für die Deutschen und für die Polen. Es sollte das allzu rasch Wechselbare und Zerstückelte und Aufgeteilte ihres Schicksals zumindest ein gegenseitiges Verstehen anbahnen.

Das rechte Weichselufer scheint schon in alter Zeit dem Hochwasser nicht so stark ausgeliefert gewesen zu sein, denn es ist stärker besiedelt. Marienwerder hat in dem Dom und der Burg mit dem Dansker seine profilierten Wahrzeichen gefunden. Hoch schauen sie über die Häuser hinweg in das flache Wiesenland, in das fruchtbare Werder, hinüber bis zur Schwesterstadt Marienburg, die Montauer Spitze, die Dreiländerecke. In Marienwerder wurde 1343 Johannes Marienwerder geboren, von 1391 an Seelenführer der Mystikerin Dorothea aus dem nahen Montau, der einzigen Heiligen, der Schutzpatronin Preußens.

In einer Kapelle am Dom liegt Otto Friedrich von der Groeben begraben, der in Ostpreußen seine Kindheit verlebte und später die erste brandenburgische Flotte des Großen Kurfürsten nach Afrika begleitete. Er hat die abenteuerlichen Epochen seines Lebens in mehreren interessanten Büchern dargestellt.

Mächtig erhebt sich aus dem Werder das Schloß Marienburg an der Nogat. Schon von weitem erschaut der Reisende seine Türme und Zinnen, und die glasierten Steine auf den Dächern funkeln und gleißen in der Sonne. Mit Ehrfurcht nähert man sich diesem Ort, von dem alle Kraftströme des mittelalterlichen Ordensstaates ausgingen. Das große Muttergottesbild, aus buntem Mosaik auf Goldgrund gewirkt, schaut weit nach Osten. Über eine alte Zugbrücke, deren Bohlen wohl schon oft erneuert wurden, betreten wir den viereckigen Burghof, steigen zum Mittel- und Hochschloß empor und stehen schließlich in dem prächtigsten Gewölbe der Burg, dem Remter, dessen schlanke Säulen das hohe Sterngewölbe tragen.

Im kleinen Remter, dessen Decke eine einzige Mittelsäule trägt, denkt man an die vielen Geschichten und Sagen, die sich mit der Burg verbinden. Wie zum Beispiel die Polen bei einer Belagerung eine Steinkugel gegen diesen Pfeiler schossen, um den Orden, dessen Marschälle hier versammelt waren, mit einem Schlage durch den Einsturz der Gewölbe seiner Führung zu berauben. Der Stein steckt noch im Pfeiler. Unten in der Gruft St. Annen schlafen die Hochmeister. Die Wirtschaftsbücher des Ordens sind noch da, aber das eigentlich Lebendige, der Hauch des Wirklichen ist fort. Zu gegensätzlich waren die Schicksale dieser Burg von 1276, ihrer Gründung an, bald Residenz eines außergewöhnlich blühenden und reichen Staates, bald nur Pferdestall, bald ganz vergessen, bis Eichendorff seine Stimme erhob. Und doch ist sie ein überzeitliches, unsterbliches Denkmal für den

Osten, bis heute fortwirkend, irgendwie schmerzlich und beunruhigend.

Von den Hochmeistern sind Winrich von Kniprode und Heinrich von Plauen, über den Ernst Wichert einen Roman schrieb, die bedeutendsten geworden. Der erstere, weil zu seiner Zeit Ritter aus allen westlichen Ländern hierher strömten, um von ihm den Ritterschlag zu erhalten. Der Papst schrieb damals an den Kaiser über den Ordensstaat: »Diese sicherste Mauer der Christenheit...« Heinrich von Plauen aber mußte mit den Zerfallserscheinungen im Orden ringen, einsam, den alten Gelübden treu bleibend, mit wenig Erfolg gegen ein übermächtiges Schicksal. So starb er verlassen auf der Burg Lochstädt am Frischen Haff.

Der Geist der Hochmeister weht über das Land zwischen Weichsel und Memel. Das Volk kennt die Namen nicht mehr, all ihr Glanz, alle ihre persönliche Verschiedenheit ist zusam-

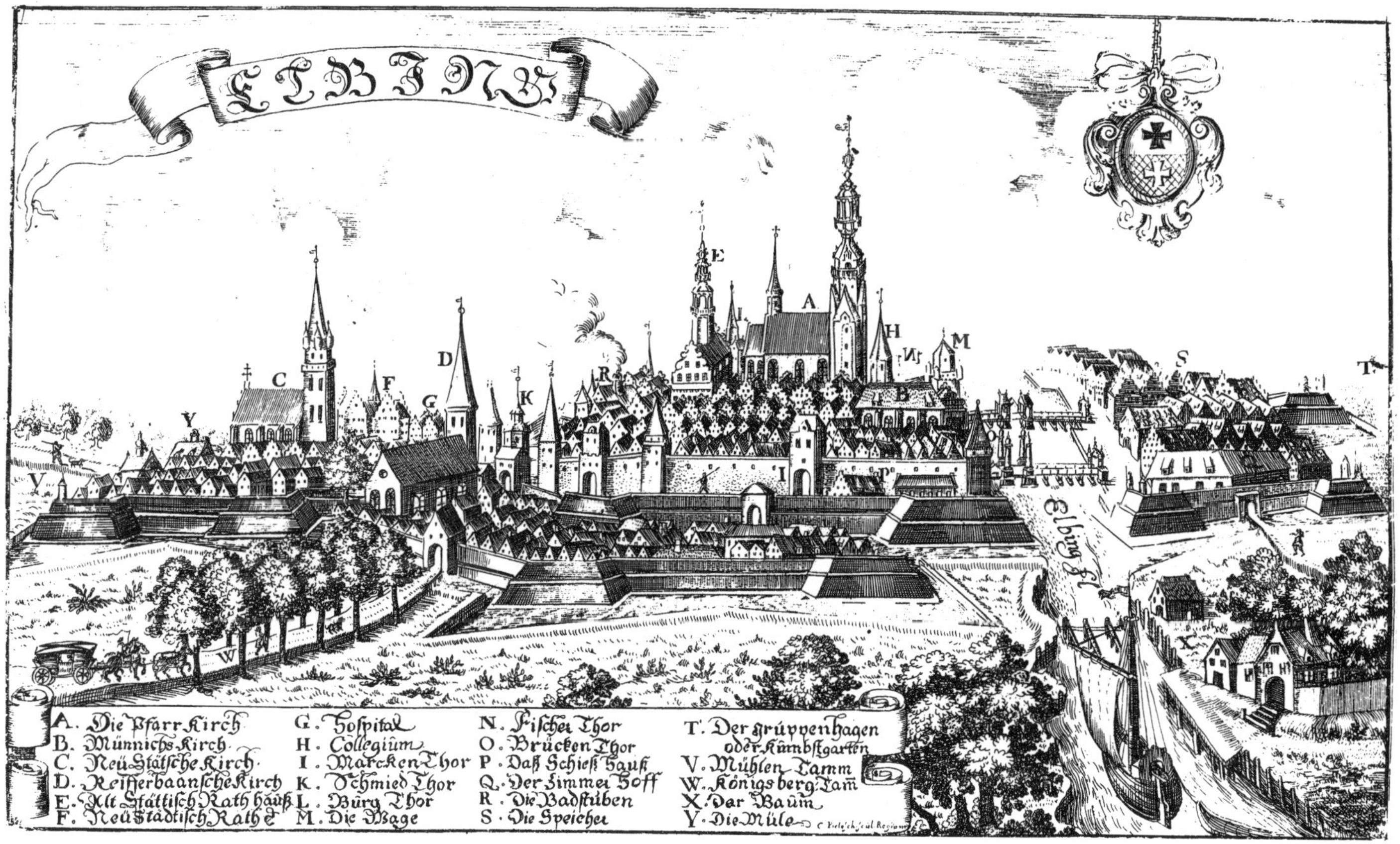

Elbing

mengeschmolzen zu einer ins Mythische erhobenen Phantasiegestalt, wie es Paul Enderling in seinem Gedicht vom letzten Hochmeister wohl empfunden hat:

»Einmal im Jahr umreitet er sein Land,
Durch Regen reitet er und Sonnenbrand,
Im Zwielichtnebel, in den Sonnenschein,
Er reitet stumm tagaus... nachtein... tagein.«

So reitet er durch der Felder Glanz und Duft, durch die alten Wälder bis zu Düne und Meer, durch das ganze Land, eine Sagengestalt, die nicht ruhen kann, weil ihr Land voller Tränen und Leid ist.
Vor der Marienburg stand die Abstimmungssäule von 1920; eine steinerne Erinnerung daran, daß dieses Gebiet bei einer Abstimmung unter dem Schutz der Alliierten deutsch blieb. Gern wandelt man durch die alten Straßen der Stadt, in denen im Juni unvergeßlich die Linden blühen, durch viele Burgtore und durch die Lauben der mittelalterlichen Hauptstraße. Das uralte, von vielen Bränden geschwärzte Rathaus ist ein Kleinod für sich. Überall treten uns an den Toren und Hauseingängen die geschwungenen gotischen Bogen entgegen, alles wirkt alt, gediegen, fast feierlich. Weite, Sonne, Geruch des Meeres und des Stromes.
Lange noch leuchten die Türme des Schlosses in die Ebene, wenn man Abschied nimmt. Man muß sich immer umwenden, wie von einem unsichtbaren Magneten angezogen, und es scheint, als würden diese unvergeßlichen Türme nicht kleiner, je weiter man sich entfernt, als ragten sie in diesem flachen, sonnendurchfluteten Land geradewegs in den Himmel, Irdisches und Transzendentes verbindend, wie es die Absicht des Ordens in seinen edelsten Männern und seinen größten Stunden war.
Der östlichste Teil des Weichsellandes neigt sich sanft dem Frischen Haff zu. Stark berührt die Weite des Landes, Seen und Flüsse werden hier leicht zu Mooren. Nichts ist noch fertig, alles scheint noch jung, diluvialer Boden, noch in Wandel und Übergang. Der Wind hat in den alten Bäumen sein Nest, wenn man ihn mit einem großen Vogel vergleichen wollte, und das Schilf dringt aus allen Gräben.
Als die Ostgermanen über die Weichsel gingen, über die alte Wisla, nannten sie den ersten Fluß, auf den sie stießen, Albing. Das heißt weißer, heller Fluß. Die Stadt Elbing, die dort entstand, hat die lichte, helle Freundlichkeit wohl übernommen; denn es ist dieses der stärkste Eindruck, den man auf einem Gang durch die Straßen mitnimmt. Es weht etwas von Hafenstadt um die Ufer, um die Brücken, um die Kais, wenn auch das Meer noch weit ist. Sauber und rührig, bereit zu weiterem Aufstieg, zukunftsträchtig, so bleibt diese Stadt in der Erinnerung.
Der Turm von St. Nikolai erhebt sich repräsentativ über das Gewirr der roten Dächer. In der St.-Marien-Kirche begegnen uns in dem feierlichen Dunkel der Kreuz- und Netzgewölbe manche Kunstschätze: der schöne Altar der Weichselfahrer und der prächtige Hochaltar, auf dem uns Szenen aus dem Marienleben und dem Leben der Dominikaner vorgeführt werden. Ebenso ehrwürdig sind die altgotischen Häuser in der Brückstraße, die Renaissancebauten, die Barockhäuser mit ihren Beischlägen, von denen das Kamelhaus mit seinem Giebel aus hübschen Barockornamenten augenfällig an Danzig erinnert. Auch die Speicherinsel verrät hanseatischen Geist, und das 1319 erbaute Markttor, dem man vierhundert Jahre später ein Barockhäubchen aufsetzte, ist wohl die einzige Erinnerung an Burg und Stadtmauer Elbings. Das Schloß wurde von der Bürgerschaft selbst abgerissen, damit dem König von Polen kein Stützpunkt innerhalb der autonomen Stadtrepublik zur Verfügung stand. Damit fehlt der organische Mittelpunkt, und die Stadt ist bis zu einem gewissem Grade für den Betrachter geschichtslos geworden.
Von Elbing kann man nicht sprechen, ohne den Namen Ferdinand Schichau zu erwähnen, der hier geboren und zum wichtigsten wirtschaftlichen Impuls für die Stadt wurde. Aus

einer kleinen Maschinenwerkstatt machte er in knapp vierzig Jahren ein Industrieunternehmen, das 5000 Arbeiter beschäftigte, und schließlich schuf er auch die große Schichauwerft in Danzig. Ebenso darf man nicht von Elbing Abschied nehmen, ohne an Paul Fechter zu denken, den Literatur-, Theater- und Kunstkritiker, in dessen Büchern das Land zwischen Weichsel und Memel lebendig ist.

DANZIG, DIE STOLZE

Vom Urstromtal der Weichsel schauen wir bis zu den grünen Kiefernwäldern der Tucheler Heide und der Kaschubei mit ihren vielen Seen und abseits liegenden kleinen Dörfern. Die strohgedeckten Kaschubenkaten vermitteln, ärmlich, aber sauber, fast das gleiche anheimelnde Gefühl wie ein altes

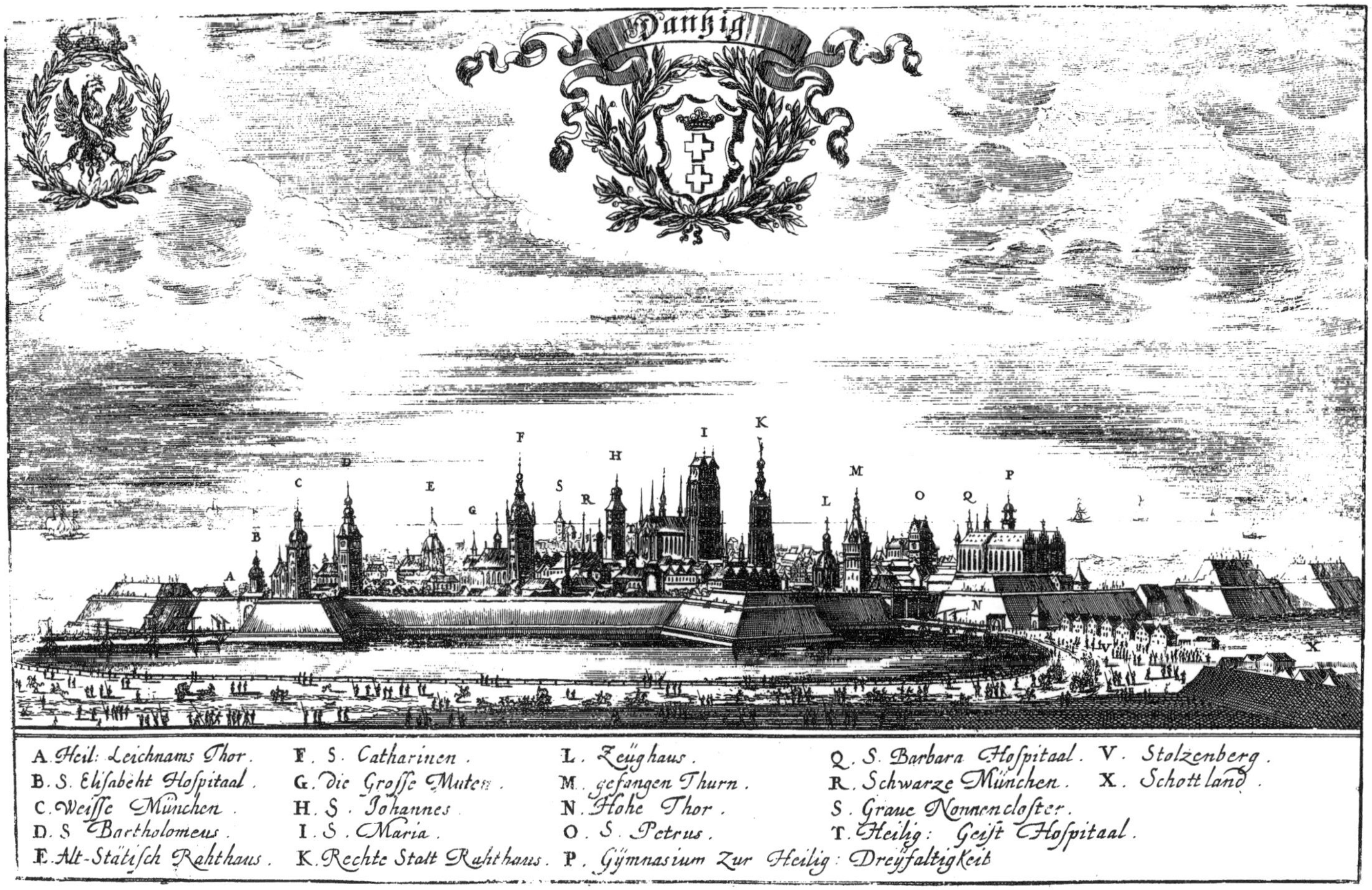

Danzig

Niedersachsenhaus. Wenige Städte, viel Einsamkeit. Kurz nur streifen wir die roten Dächer von Preußisch Stargard und lassen dann unseren Blick von den sechs hohen Brückenbögen bei Dirschau fesseln. Hafen und Bahnhof, Maschinen- und Zuckerfabriken gaben der kleinen, sauberen Stadt, die im Schnittpunkt des Verkehrs zwischen dem Westen und Ostpreußen liegt, das Gepräge, und vor allem der mächtig und breit dahinziehende Weichselstrom, der nun durch die üppige Wiesenlandschaft der Werder dem Meere zustrebt, den hohen Türmen Danzigs.

»Dunkle Giebel, hohe Fenster,
Türme tief aus Nebeln sehn,
Bleiche Statuen wie Gespenster
lautlos an den Türen stehn,
Träumerisch der Mond drauf scheinet,
dem die Stadt gar wohl gefällt,
Als läg' zauberhaft versteinet
drunten eine Märchenwelt.
Ringsher durch das tiefe Lauschen
über alle Häuser weit
Nur des Meeres fernes Rauschen:
wunderbare Einsamkeit!
Und der Türmer wie vor Jahren
singet sein uraltes Lied,
Wolle Gott den Schiffer wahren,
der bei Nacht vorüberzieht.«

So sieht der Romantiker Joseph von Eichendorff diese Stadt. Nun bald tausend Jahre alt, ist sie von Anfang an als »Gottesburg im Osten« gedacht und es unbeschadet ihres ausgedehnten Handels auch geblieben. Ein dauernder Wechsel zwischen stolzer Eigenstaatlichkeit, polnischer Oberhoheit und preußischer Zugehörigkeit ist das Charakteristikum ihrer zerrissenen Geschichte. Die am Hohen Tor eingemeißelten Worte »Civitatibus haec optanda bona maxime: Pax, Libertas et Concordia« klingen fast wie Hohn, wenn man daran denkt, wie wenig Friede, Freiheit und Eintracht hier herrschten und wie sehr äußere Kriege und innere Machtkämpfe das Gesicht der Stadt formten. Immerhin stand am Anfang die Ordensgotik, und sie hat durch alle Zeitumstände prägend gewirkt, und es lag auch viel Glück trotz allem über dieser Stadt an den Armen der Mottlau und der Speicherinsel, indem sie kaum Feuersbrünste erlebte und so ihre wunderbaren öffentlichen Gebäude und reichen privaten Häuser durch alle Wandlungen der Zeit und der Baustile erhalten konnte. Der Orden war, wie gesagt, prägend, und das machte sie ihrer nicht fernen Schwester Königsberg verwandt, aber sie war doch mehr den Weltmeeren zugewandt, und ihre Atmosphäre hat darum auch viel von Lübeck, Hamburg oder Amsterdam, immer gemischt mit einem leichten östlichen Anhauch, wie ihn die große Handelsstraße der Weichsel auf natürliche Weise heranweht, und mit einer Bürgerlichkeit, die nicht ohne Vorbehalte dem absolutistischen Preußen gegenüberstand.

Die schweigsame Größe der Gotik wird uns am stärksten im Dom zu St. Marien zum Erlebnis. Keine Fialen und Kreuzblumen, kein Filigranwerk mildert den strengen Aufbau. Es ist das ernste Gesicht des Ordens, in das wir schauen. Die bunten Fenster mit den kleinen, quadratförmig umgitterten Scheiben lassen nur ein mattes Licht herein. Der Hochaltar, die Kanzeln und Taufkapellen, die Orgelprospekte und Altäre sind ebenso ein Zeichen mittelalterlicher Frömmigkeit wie künstlerischer Sicherheit. Der Bildhauer, der den Christus am Kreuz geschaffen hat, soll den Verführer seiner Tochter buchstäblich gekreuzigt haben, um ein authentisches Modell zu finden.

Auch das Marienbild verdankt sein Entstehen einer wunderbaren Begebenheit. Einem unschuldig zum Tode verurteilten Töpfer erschien in der letzten Nacht die Mutter Gottes in ihrer ganzen Herrlichkeit, und er bat den Rat der Stadt, die Hinrichtung hinauszuschieben, bis ihm die Formung seines

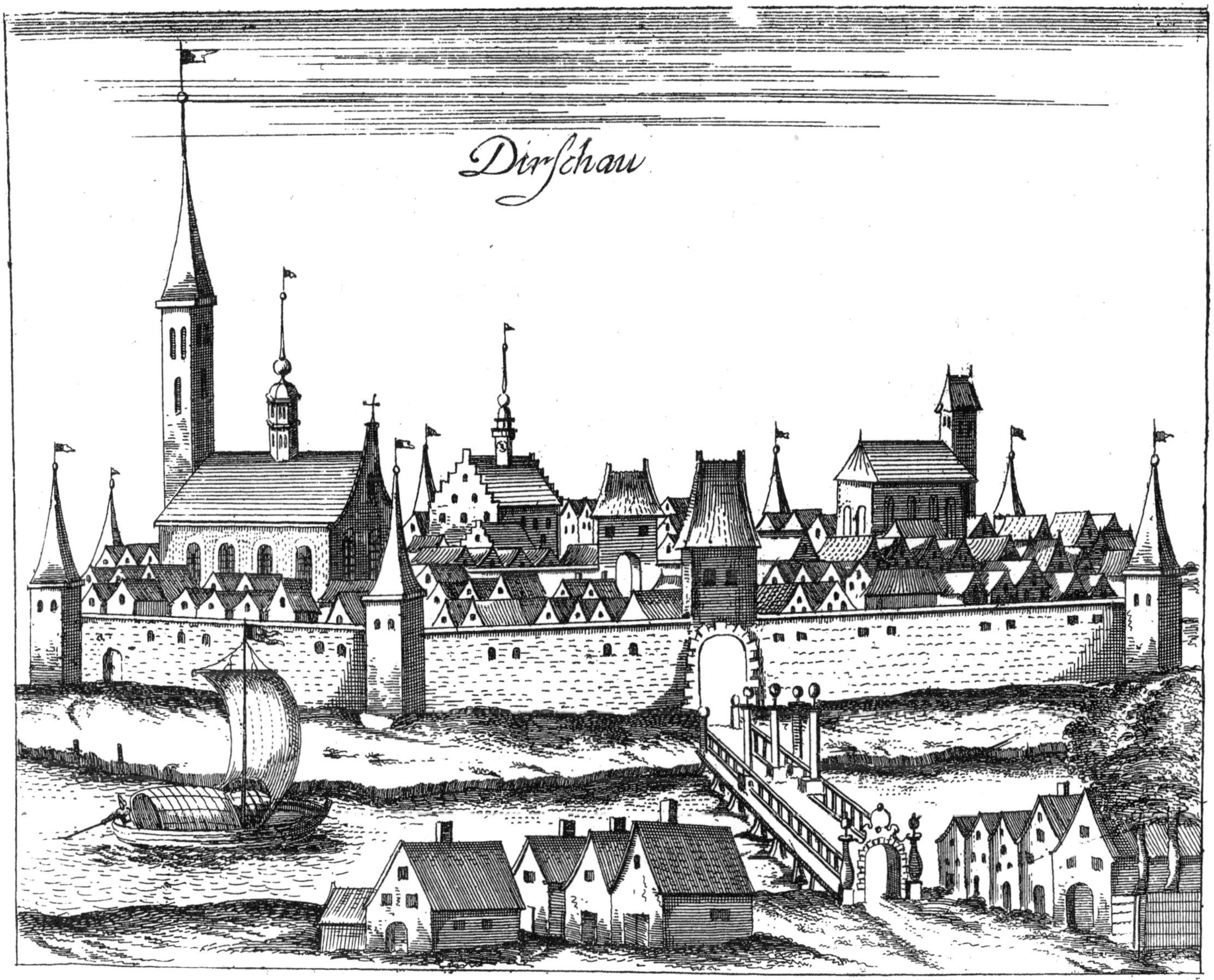

Dirschau

Traumes gelungen sei. Der starke Eindruck der fertigen Arbeit brachte das Volk zu der Überzeugung, der Schöpfer eines solchen Meisterwerkes könne kein Verbrecher sein, und man schenkte ihm das Leben. Der Erbauer der Uhr, an der die Apostel beim Glockenschlag heraustreten, wollte die Stadt verlassen und wurde vorher geblendet, damit er nirgends anders auf der Welt ein derartiges Wunderwerk schaffen konnte. Der Erblindete äußerte den Wunsch, noch einmal an sein Werk herangeführt zu werden. Wenn er es auch nicht mehr sehen könne, so wolle er es doch mit den Händen abtasten. Dabei zerstörte er aus Rache den feinen Mechanismus der Uhr, so daß die zwölf Apostel nicht mehr heraustreten konnten.

Überall Sagen und halbgeschichtliche Erinnerungen. In der Barbarakapelle befindet sich der Schatz der Kirche mit über hundert kostbaren Meßgewändern aus dem 12. und 13. Jahrhundert. Keine Schatzkammer der Welt, nicht einmal die von St. Peter in Rom, soll einen derartigen Reichtum besitzen. Hans Memlings berühmtes Bild vom Jüngsten Gericht ist eine großartige Vision. In der Reinholdskapelle, die den Geist Dürers atmet, lächelt uns die Madonna zu mit irdisch anmutender Mütterlichkeit. Viele Jahrhunderte schufen an diesem Dom, aber er wurde eine feierliche Einheit, außen wie innen; das macht den Zauber dieses Bauwerkes aus.

Ein organisches künstlerisches Wachstum verraten auch die Straßen der Stadt. Da sind die alten Türme und Stadttore mit den volkstümlichen Namen »Kick in de Köck« oder »Milchkannenturm« oder »Schwan«. Alles alte Backsteintore aus wehrhafter Zeit, dunkel, von vergangenen Jahrhunderten erzählend, da Danzig die Ostsee beherrschte und seinen Handel bis in die fernsten Länder trieb. Starke Ähnlichkeit mit Venedig wird wach. An Danzigs Toren rannten sich die Polen die Köpfe ein, und die Dänen machten mit ihren Kaperfahrten hier keine liebsamen Erfahrungen. Der Danziger Admiral Paul Beneke drang sogar in die Themsemündung ein und nahm einen englischen König gefangen. Viel Ruhm und Beute brachte er auf seinen Koggen heim.

Wenn auch die Grundlage der Danziger Schönheit in der Ordensgotik liegt, so haben doch Renaissance und Barock, Klassizismus und Biedermeier in gleicher Weise am Stadtbild geformt. Dem Reichtum Danzigs entsprechend, konnte sich das Barock hier besser entwickeln als sonst auf ostdeutschem Boden. Die schmalen, meistens nur dreifenstrigen Häuser, reich verziert mit phantastischen Schaugiebeln, schwingen sich hell und luftig empor. Vor den Häusern liegen häufig breite Terrassen, steinerne Brustwehren, die sogenannten Beischläge, ebenso reich verziert wie die Häuser selbst. Die auf die Straße mündenden Regenrinnen enden in verschiedenen Tierplastiken, in phantastischen steinernen Delphinköpfen, die man Wasserspeier nennt. Johanna Schopenhauer, die Mutter des Philosophen, erzählt in ihren Erinnerungen, wie herrlich die Kinder hier gespielt, wie die steinernen Figuren des Barocks ihre Phantasie beflügelt und wie auch die Erwachsenen hier am Abend gern gesessen hätten, um den Duft der blühenden Linden einzuatmen. Die Stadt habe trotz ihres nordischen Wesens durch dieses offene Leben auf den Beischlägen fast ein südliches Gepräge erhalten.

Einige schöne Häuser, der Renaissancebau des Steffenshauses, auch Speimannhaus genannt, am Langen Markt das Uphagenhaus, das Ferberhaus in der Langgasse, das Englische Haus in der Brotbänkengasse entstanden im 16. und 17. Jahrhundert, zur Zeit der höchsten Blüte Danzigs. Der Artushof ist die alte Gerichtshalle, in der später große gesellschaftliche Empfänge stattfanden. Durch die hohen gotischen Fenster fällt ein gedämpftes Licht auf die Wände mit den reichen Holztäfelungen und den vielen alten Bildern, von denen Anton Möllers »Das Jüngste Gericht« besonders eindrucksvoll wirkt. Das Schöffenhaus neben dem Artushof erzählt von dem Reichtum und der Würde der mittelalterlichen Innungen.

Das alte Krantor an der Mottlau gehört zu den bekannten Wahrzeichen der Stadt. Wunderbar spiegeln sich die alten

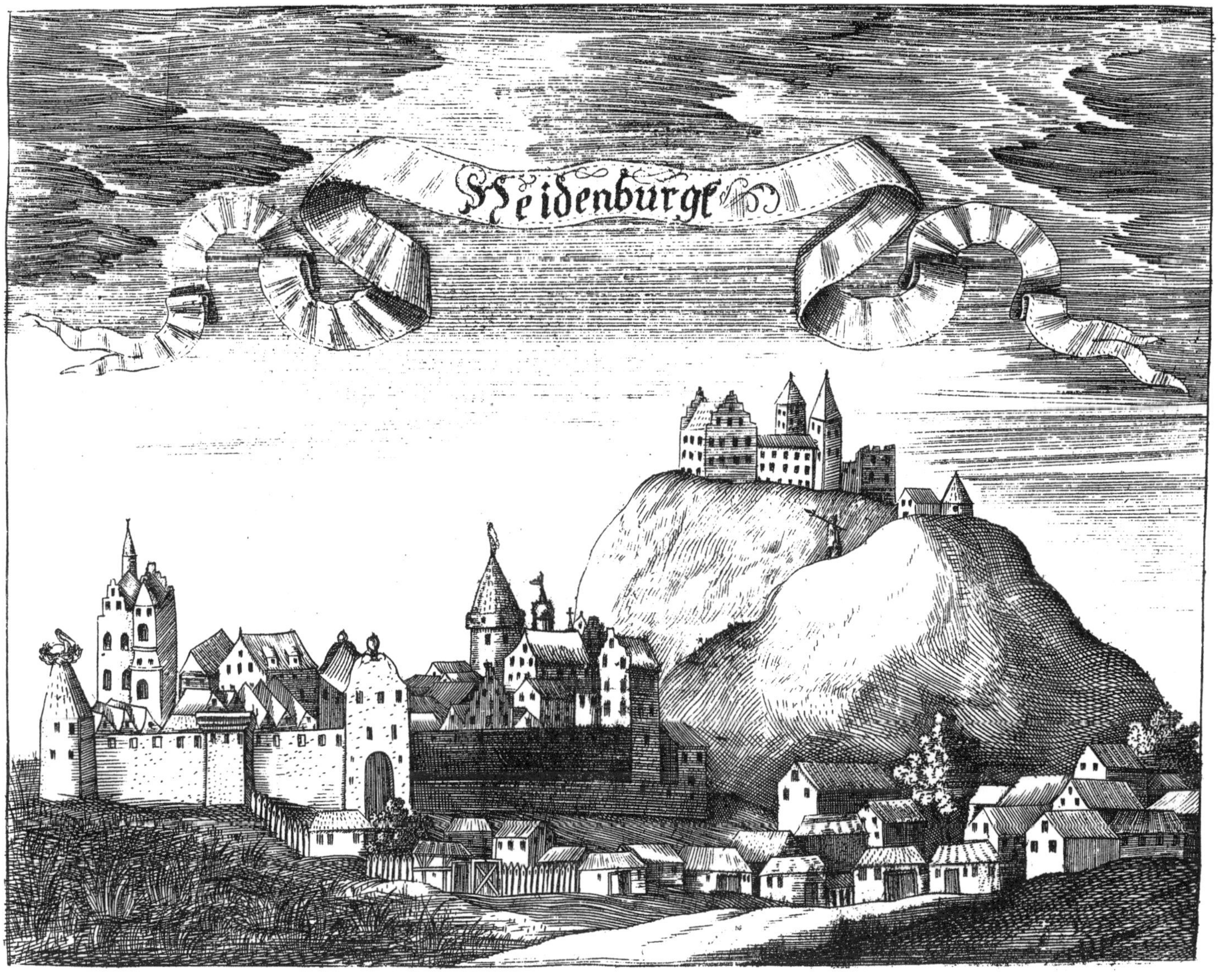

Neidenburg

Fachwerkbauten der Speicher im Fluß. Die Möwen sind hier zu Hause wie auf dem Markusplatz in Venedig die Tauben. Fabriken und Schornsteine streben im Hafengebiet ebenso empor wie die gotischen Türme und barocken Giebel in der Innenstadt. Hier lernt man ein zweites Danzig kennen, eine Stadt, die nicht nur steingewordene Geschichte sein will, sondern den Weg in das industrielle Jahrhundert sucht, unbeschadet der großen Leistungen der Vergangenheit. Wenn man die Stadt vom Bischofsberg betrachtet, erkennt man, wie organisch sie in der niederen Weichsellandschaft ruht, und sieht eine Silhouette, die man nicht vergißt. Man spürt, der Osten wäre arm, allzu arm ohne Danzig.

Die behaglich breiten Niederungsdörfer im Werder mit ihren Backsteinkirchen gehören ebenso zur Stromlandschaft wie die alten Windmühlen und die uralten Bäume, die an Holland erinnern. Schöpfwerke, zum Teil mit alten Wasserrädern, bemühen sich, das überflüssige Wasser in die Abflußgräben zu pumpen. Ein ganzes System von Dämmen, Gräben und Kanälen zieht sich durch das Land, um es vor Wasserfluten zu bewahren.

Danzig hat bekannte Männer hervorgebracht. Da war Andreas Schlüter, der das Reiterstandbild des Großen Kurfürsten schuf. Fahrenheit ist bekannt als der Erfinder der Thermometerskala, die noch heute in anglikanischen Ländern zur Messung der Temperatur verwandt wird. Die Wohlhabenheit der Danziger Familien machte viele wissenschaftliche Arbeiten erst möglich. Viel gerühmt wurde der im 18. Jahrhundert lebende Kupferstecher Daniel Chodowiecki. Goethe sagt von ihm: »Seine höchst zarte Vignette zu ›Werthers Leiden‹ macht mir viel Vergnügen, wie ich denn diesen Künstler über alle Maßen verehre.« Das Skizzenbuch seiner Reise nach Danzig trägt wegen seiner realistischen Darstellung fast Dokumentarcharakter. Johanna Schopenhauer, die Mutter des Philosophen, gehörte zum Kreis um Goethe in Weimar, und ihr großer Sohn steht wohl neben Kant auf sehr einsamer Höhe im Reich der Philosophie. Der Name Johannes Daniel Falk ist vergessen, nicht aber sind es seine Lieder: »Wie mit grimmigem Unverstand Wellen sich bewegen« und »O du fröhliche«. Aus dem Danziger Werder stammt Max Halbe, dessen Dramen »Jugend« und »Der Strom« zu den meistgespielten Theaterstücken der naturalistischen Ära gehörten. Seine weniger bekannt gewordenen Romane sind Fundgruben für die heimatliche Kultur um die Jahrhundertwende.

Mitten in der Niederung grüßt uns das Kloster Oliva mit seinem wunderbaren alten Park, aus dem die spitzen Türme der Abteikirche hervorgucken. Der Fleiß der Zisterziensermönche erbaute 1178 dieses Haus. Es besitzt eine der größten Orgeln Europas mit 6000 Pfeifen und 101 Registern. Bald liegt das Meer vor uns, diese gewaltige Landschaft, die auch zum Weichselmündungsarm gehört. Das äußerst rege Neufahrwasser, das elegante Weltbad Zoppot und fern im Grau des Meeres wie ein Strich auftauchend: die Halbinsel Hela.

MASOWIALAND – MASURENLAND

»Land der dunklen Wälder und kristallnen Seen,
Über weite Felder lichte Wunder gehn.«

So singen die Ostpreußen. Es ist vom Choral der Zeit die Rede und von den Elchen, die in die Ewigkeit lauschen. Choral und Ewigkeit! Es scheint, als erfaßten diese Worte den Gefühlston, der über dem Lande schwebt.

Die Wunder sind die Ströme des Lichts, die über dem unendlich grünen Wiesenteppich des Landes Sonne und Schatten verschwenderisch verteilen. Es ist ein Land dunkler Wälder, besonders nach der Grenze hin, wo in älterer Zeit eine gewollte Wildnis das Ordensland vor Einfällen schützte. Von den Pregelquellen bis zur Johannisburger Heide blauen die Wälder und Heiden. Es ist das Land der tausend Seen, niemand hat sie gezählt, aber sie geben dem Namen Masuren

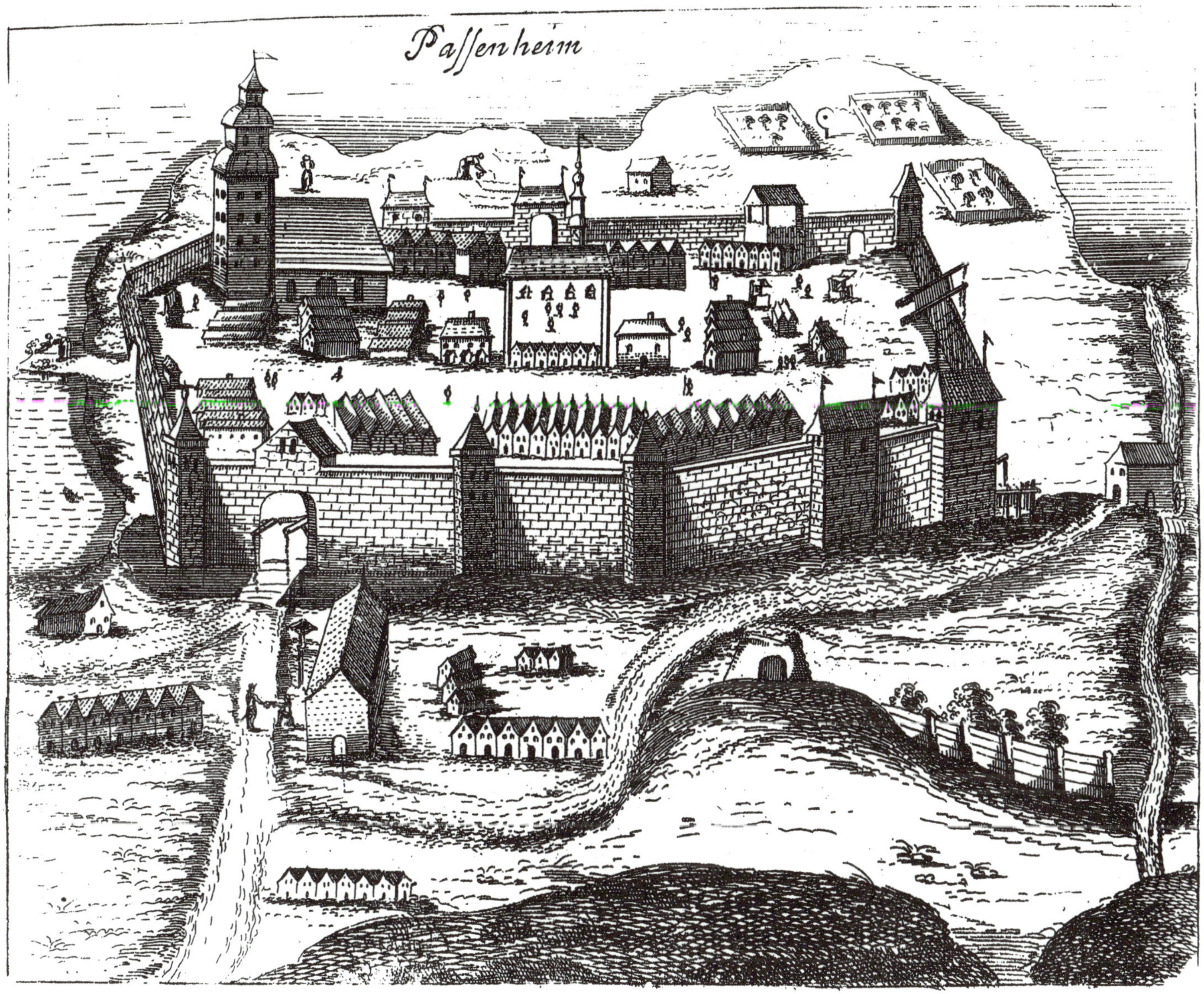

Passenheim

seinen Zauber und machen es zu einer zugleich einsamen und verträumten Landschaft. Ganze Seenläufe reihen sich hintereinander wie eine Perlenkette, und wie in jener wilden Eiszeit die Gletscher ihr Geröll vor sich herschoben, Hügel bildend und gewaltige Kessel, die heutigen Seen, mit dem Strudelwasser aushöhlend. Noch immer »flutet wild der See«, wie Friedrich Dewischeit von diesem Lande singt.

Die Menschen ruhen im Frieden ihrer Seen und Wälder, aber auch Fremde kommen und wollen an der Stille teilhaben, die sie wieder zu sich selber führt. Und sie stehen an der Reling der kleinen Dampfer und starren in die Fluten, die bald dunkel und drohend, bald hell und klar unter ihnen dahinziehen, und schauen auf die Ufer mit ihren dunklen Wäldern oder grünen Ufern und Feldern, auf denen geruhsam das Vieh weidet. Von Angerburg fährt man in den großen Mauersee, sieht die hohen Ulmen der Insel Upalten. In der Nähe ist Steinort, das Schloß der Grafen Lehndorff. Man hört viele Geschichten aus alter Zeit, von den Tataren, die auch eine Gräfin Lehndorff verschleppten und nach Konstantinopel verkauften.

Über Lötzen, in dessen Nähe die kleine Festung Boyen liegt, geht es in den Löwentinsee und dann durch eine kanalisierte Seenkette in das Talter Gewässer nach Nikolaiken, dessen Wahrzeichen der berühmte Stinthengst ist, eine Erinnerung an den Domnick, den Wassermann. Schön war es, am Abend auf der Terrasse zu sitzen, Grog zu trinken, Maränen zu essen, eine wohlschmeckende Felchenart, die hier als Delikatesse geräuchert wird, und den von seltsamen Vogelrufen durchzitterten Sommerabend zu erleben, dessen Farben auf dem See langsam ersterben. Nach der Fülle des Lichtes, die der blaue Tageshimmel heiß und fast erbarmungslos über die Wälder und Seen wirft, ist es fast schmerzlich, den Übergang in die Nacht zu finden. Lastende Einsamkeit weht über dem Land, aus der Sagen und Geschichten, viel schweres Geschehen, einen fast wie körperliches Empfinden anrührt.

Beim Austritt aus dem Talter Gewässer erlebt man auf einer kurzen Strecke den Spirdingsee, das »Masurische Meer«, den größten Binnensee Deutschlands nach dem Bodensee. Hier gehen die Wellen höher, und ihre Kämme schlagen zornige weiße Schaumkräusel auf, bevor sie in der grünlichen Fläche wieder verschwinden. Weiter geht es durch den stillen schmalen Beldahnsee mit seinen stark bewaldeten Ufern und dann zum Niedersee, an dessen Rand die Fischreiher hausen und mit großer Geduld auf ihre Beute warten. Die Johannisburger Heide, trocken, sonnig und sehr einsam, zieht sich dann bis zu den Wäldern der Grenze hin.

Unvergeßlich ist auch eine Fahrt auf der Kruttinna, deren Ufer nach Schilf und Kalmus duften, deren weit überhängende Bäume sich im kristallklaren Wasser spiegeln und die auch dem nüchternsten Menschen die Vorstellung vermitteln kann, durch eine Märchenlandschaft der Stille und Versenkung zu gleiten.

Das Land der tausend Seen ist unerschöpflich an unberührter Natur. Die Moore, die weite Uferpartien der Seen oft unzugänglich machen, sind ungestörte Vogelparadiese. In den Seen selbst, wo ganze Züge von Fischen sich im Wasser tummeln, holen die Fischer aus ihren Netzen Barse und Brassen, Schleie und Aale, große Hechte und vor allem den mächtigen Wels mit seinen undefinierbaren Augen und den Bartfäden, die dem Fischkopf etwas Menschenähnliches geben. Er ist in der Volksphantasie zum Wassermann geworden, von dem viele Geschichten und Gedichte erzählen, vielleicht keines so eindringlich wie das der ostpreußischen Dichterin Tamara Ehlert:

»Der Wassermann ist verliebt in mich.
Nachts patscht er ans Fensterglas
Mit seinen feuchten Händen.
Der See rinnt aus seinen schuppigen Lenden
Und tropft meine Schwelle naß.«

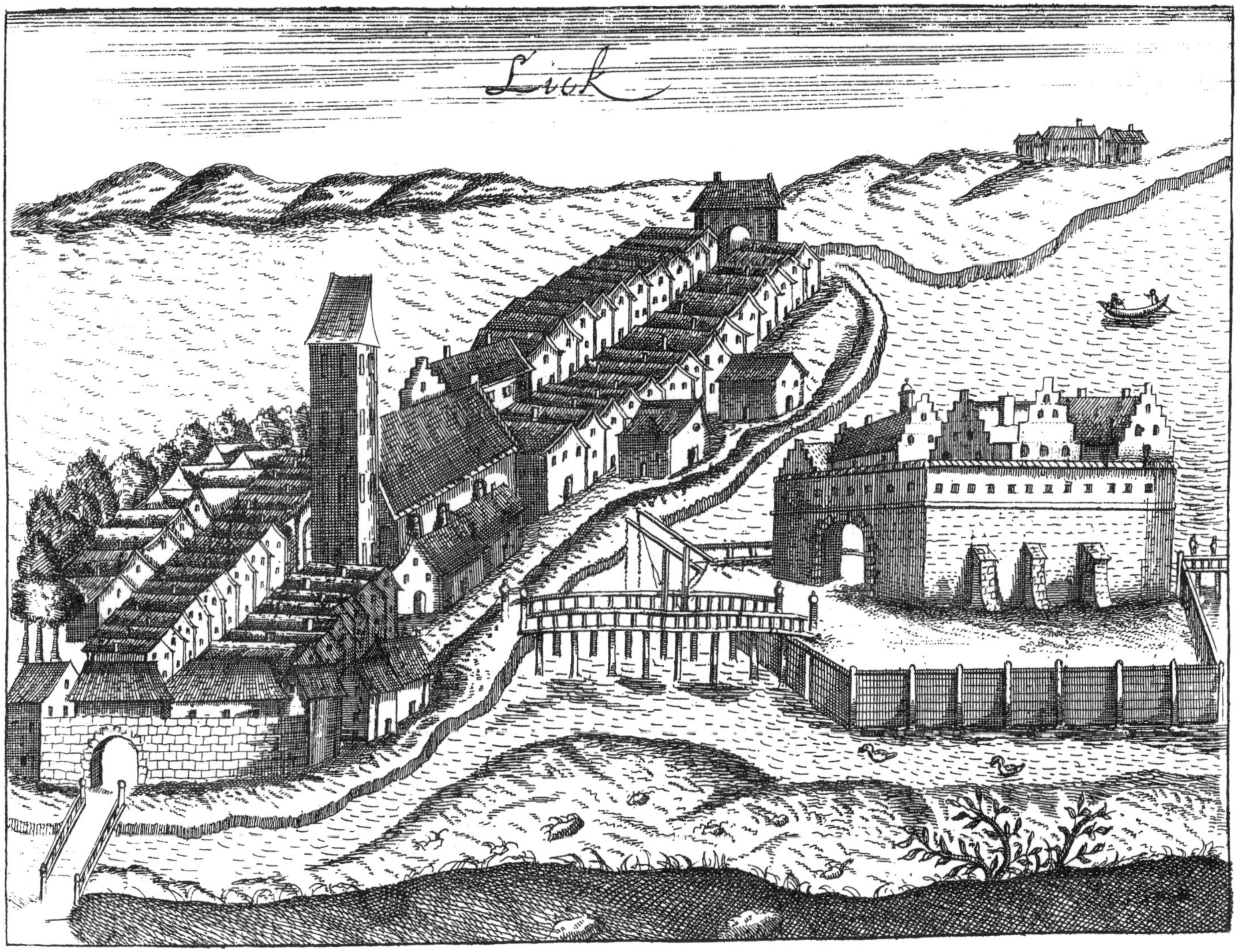

Lyck

Sie aber liebt den jungen Herrn, der sie nachts umarmt und sich am Tage ihrer schämt, und darum wird sie in den See gehen und sich ein Schuppenkleid anziehen und den Wassermann heiraten, nur um das Boot des jungen Herrn zum Kentern zu bringen.

In dieser ehemals von Galindern und Sudauern, den tapfersten Stämmen der Prussen, besiedelten Landschaft, zu denen später die östlichen Masuren und die Kulmer stießen, lebt eine Bevölkerung, deren Sagenschatz aus vielen Quellen gespeist ist. In jedem See haust noch ein Topiel oder Topisch; und Macica, ein Holzwurm, saugt am Lebenquell der Menschen. Diese Menschen sind zäh, bedürfnislos und ausdauernd, lebhaft und leidenschaftlich, oft, insbesondere bei Tanz und Alkohol, auch ausschreitend. Viel fromme Scheu liegt über diesen Gemütern, aber die Sünde ist stets sehr nahe, ein bißchen Wilddieberei und Raubfischerei, wie es Richard Skowronnek in volkstümlichen Büchern schildert, das gehört zu diesem Leben hinter den Wäldern und den Seen.

Nur in so einem Volke konnte ein an Abraham a Santa Clara erinnernder Volksprediger aufstehen wie Michael Pogorzelski, der, zugleich Dichter, in einem seltsamen Masurendeutsch seine Gemeinde zu fesseln und zu bewegen wußte, so daß die weisen skurrilen Aussprüche dieses Mannes als geflügelte Worte durch das ganze Land zogen: »Quid est vita humana? Was ist menschlich Lebben? Menschlich Lebben ist wie Teerpaudel am Wagen, schlicker, schlacker, schlicker, schlacker, bums, liegt auf Erde. Item, quid est vita humana? Menschlich Lebben ist baufällig Strohdach, perdautz, fällt um!« Manche dieser seelsorgerischen Produkte ergreifen einen heute noch seltsam: »Guterletzt alles Zauber! Lied ist Zauber und Schnaps ist Zauber. Wind ist Zauber, Mond und Sterne. Weib auch, vielleicht sogar Zauber schlimmstes, wer weiß? Reine Vernunft von Professor Kant – alles Zauber, Zauber. Geht nicht ohne Zauber in Welt, meinen ich!« Wie tiefsinnig und weltweit ist das doch und wie ostpreußisch, um nicht zu sagen, masurisch.

Siegfried Lenz hat in seinem Buch »So zärtlich war Suleyken« etwas von dieser Atmosphäre eingefangen. Schon in Stil und Diktion weht uns ein Hauch an, den man sonst nur bei den russischen Erzählern spürt: »Wovon soll ich erzählen zuerst? Von der Einweihung? Gut, von der Einweihung. Sie fand statt, wie verbürgt ist, an einem unschuldigen Frühlingstag zu Füßen der Suleyker Höhen, worunter man sich vorzustellen hat ein ansprechendes Hügelchen namens Goronzä Gora.«

Der Dichter aber, der am ausgeprägtesten den masurischen Menschentyp darstellt, ist Ernst Wiechert. Er hat diese Landschaft und diese Menschen in die Weltliteratur eingeführt. Er selbst war Hirte und Fischer in seiner Jugend: »Gut war es mir, barfuß meinen Lebensweg zu beginnen und die Kühe zu hüten.« Er war auch Jäger und kannte den Schrei der Wildenten, Taucher und Fischreiher, des Roten Milans und der Rohrweihe, der Bussarde, Habichte und Wiesenschnarren. Mit dem Fischadler aber hat er sich fast identifiziert: »Wo ich stand, ließ er immer seinen Schrei über die unendlichen Wipfel zu mir herunterfallen. Einen klagenden, einsamen, mich auf unbegreifliche Weise ergreifenden Schrei. Dann starrte ich ihm nach, und eine unendliche Sehnsucht ergriff mich, das auf irgendeine Weise zu sagen, zu singen, mir vom Herzen zu lösen.«

Und er sang es in der »Majorin« und der »Magd des Jürgen Doskocil« und in den »Jerominskindern«. In einer süß betörenden Sprache, die in einem Meer von Schwermut schwimmt, spricht er von dieser Landschaft seiner Seele und ihren Menschen. Masuren, an den Himmel projiziert. Verhalten, urchristlich fromm und von unterirdischen Begierden zerrissen, prophetenhaft, kulturmüde will er »die Gerechtigkeit auf den Acker bringen«. Dunkel wie die Wälder sind seine Gleichnisse, tief wie die Seen seine versponnenen Betrachtungen. »Wir bringen unser Leben zu wie ein Geschwätz!«

Er ist der eine Pol des ostpreußischen Menschen, der andere ist Agnes Miegel aus salzburgischem Geblüt, in vielem sein

Gegenbild. Sie spricht aus einer helleren Landschaft, aus dem Samland und der sandigen Meeresbucht von Cranz, sie spricht von Königsberg und der gekrönten Stadt, es ist alles gegenständlich, nicht so voller Antithesen. Sie umgreift Landschaft, Mensch und Geschichte. Der dritte, leider recht unbekannt gebliebene große Dichter ostpreußischer Erde ist der Memelländer Alfred Brust; eigenwillig und sendungsbewußt. Er sprach in erregenden Vorahnungen von »Ostpreußen im Schatten Asiens« und klagte: »Ich habe die Erde verloren, paßt auf, daß ihr die Erde nicht verliert!« Sehr vieles wußte er, was andere nicht mehr wußten.
Diese drei Dichter verkörpern ostpreußisches Menschentum und stellen es in ihren Werken bis zu jener zentralen Tiefe, in der wir uns erkennen, dar. Das schließt nicht aus, daß es noch viele Stimmen, Zwischenlagen, Spielarten und legitimes Dichtertum gab.

AUF DER GENEIGTEN EBENE

Wo Masuren langsam in das Oberland übergeht oder zum Ermland hin, bleibt die Landschaft seenreich und leicht geschwungen. Ottfried Graf Finckenstein nennt das Oberland »Die blonde Schwester Masurens« und will damit besonders die hellere Stimmung ausdrücken, die über dem Land liegt. Viele kleine Flüsse eilen zum Frischen Haff, winden sich durch romantische Schluchten und plätschern über Geröll, so daß man an manchen Stellen Gebirgslandschaften en miniature erleben kann. Die Kernsdorfer Höhe mit 313 Metern stellt das ostpreußische Alpenland dar. Im Norden am Frischen Haff erhöht sich das Land dann noch einmal zur Elbinger Höhe. Dazwischen ziehen sich die Seen hin, von denen der Drewenzsee bei Osterode, der Geserichsee mit der erstaunlichen Länge von 30 Kilometern und der Drausensee mit seinen Rohrdommeln, Papchen und Löffelenten, den blühenden Seerosen und Mummeln wohl die bekanntesten sind. Es sind alles schmale, von Norden nach Süden gelagerte Rinnenseen, wie sie die Eiszeit schuf, oft sehr reizvoll, manchmal auch mit kahlen Ufern.
Das technische Wunder der Gegend ist der Oberländische Seenkanal, der auf fast zweihundert Kilometern die Seen miteinander verbindet, und der auf fünf geneigten Ebenen die Schiffe auf Eisenbahnloren die Höhen zwischen den Seen überwinden läßt. Es ist nicht nur für die Reisenden, sondern auch für die Zuschauer ein Ereignis, die Dampfer über Land rollen zu sehen, bis wieder ein See mit seinem blanken Wasserspiegel und seinen romantischen Ufern sie aufnimmt.
Ein weiteres Wunder der Gegend sind die schwimmenden Inseln in manchen Seen, die aus Moosarten gebildet sind, die ihre Stengel bis zu drei Metern in den Grund senken. Wie Pappteller schwimmen diese Kampen, je wie der Wind es will, von einer Seeseite zur anderen, und die kleinen Bäume, die auf ihnen stehen, und die Vögel, die es hier gut haben, machen diese Reisen gern mit. Vom Ufer schauen oft Kraniche und Reiher zu. Auf den Feldern schimpft der Wiedehopf, und oben kreist im Blau des Himmels der Rote Milan. In den Wäldern sieht man noch Beutnerkiefern, wo die wilden Bienen hausen. In der Ordenszeit gab es ganze Beutnerdörfer, die Honig an die Burgherren abliefern mußten.
»Zogen einst fünf wilde Schwäne.« Dieses Lied, das aus dem Memelland stammt, geht einem auch hier nicht aus dem Sinn. Kaum noch gibt es hier Schwanenseen; die stolzen Vögel sind in das einsamere stille Masuren zum Brüten abgezogen. Noch vor dem letzten Krieg lebten auf dem Gaudensee bei Finckenstein eine Menge Schwäne, auf die Napoleon anläßlich seines dortigen Aufenthaltes im Jahre 1807 auf Jagd ging. Der große Schlachtenheros schoß schlecht, wie berichtet wird, so daß er nicht einen einzigen Schwan erlegte, während sein berühmter Feldherr Murat wenigstens einen schoß.
Das Oberland ist auch in besonderer Weise das Land der großen Güter und Herrensitze, die sich aus den Komtureien und Ordensburgen entwickelten und in der Barockzeit Mit-

telpunkt des gesellschaftlichen Lebens waren. Die Schlösser und Gutshäuser mit ihrem Rondell und der breiten Auffahrtsstraße, mit ihrer Terrasse zum See und ihrem großen Park, mit den Treibhäusern und Orangerien, mit der Flucht der gesellschaftlichen Räume und den Sammlungen an Möbeln, Fayencen, Jagdtrophäen, uralten Bibliotheken bildeten wichtige Kulturzentren. Manche Schlösser, wie Beynuhnen im Kreis Darkehmen, sind zu einem antiken Museum geworden. Hellas in Ostpreußen, das ist der Eindruck, den dieses weiße Schloß mit seinem statuenreichen Park, seinem Laokoontempel, seinen zahlreichen italienischen Gemälden vermittelt. Die Schlösser dienten oft als Absteigequartiere auf den Reisen der preußischen Könige von Berlin nach Königsberg, so Finckenstein, Schlobitten, Friedrichsstein und Dönhoffstädt. Die Familien spielten in der Verwaltung, der Politik und der preußischen Armee eine große Rolle, und viele sind weit über den Rahmen der Provinz bekannt geworden, wie der Freiherr von Schön, die Fürsten Dohna-Schlobitten oder der Reichsgraf Karl von Lehndorff, der an der Konvention von Tauroggen maßgeblich beteiligt war. Neben den alten deutschen Geschlechtern sind auch prussische Adlige wegen ihrer Treue zum Orden belehnt worden und bis zur Katastrophe grundbesitzend geblieben, wie die Namen von Bronsart, von Kalnein, von Perbandt, von Saucken und andere beweisen.

In den Herrenhäusern wirkt sich ungeachtet der verschiedenen Stilepochen ihrer Bauzeit eine ethische Grundhaltung aus, die in ihrer kargen und strengen Struktur liegt, so daß man nicht zu Unrecht von einem preußischen Stil sprechen kann. Carl von Lorck definiert ihn als reine Klarheit und Disziplin der Haltung. Preußische Lebensform bedeutet Ehrfurcht vor den Vorfahren und Verantwortung vor den Nachkommen, Gefolgstreue zum Ganzen, Kraft des Erhaltens und ein unlösliches Verbundensein mit dem Heimatboden.

Einen Blick noch auf die vielen kleinen Städtchen im Oberland, die uns an ihren Seen grüßen, so Osterode, Liebemühl, Deutsch Eylau, Preußisch Holland, Mohrungen und Saalfeld. In Mohrungen liegt hinter der Pfarrkiche unter alten Bäumen das Geburtshaus Johann Gottfried Herders, der Goethe anregte und mit seinen Sprachstudien und Liedersammlungen auf europäischer Basis einer der Väter des gegenwärtigen europäischen Kulturbewußtseins geworden ist.

HERZ DES LANDES

Das Ermland, das wie ein Dreieck den südlichen Teil der Provinz zerschneidet, hat seine besondere Geschichte und damit auch eine eigene Entwicklung gehabt. Der Fürstbischof verstand es, seine Selbständigkeit gegenüber dem Deutschen Orden zu wahren, und das Land machte auch die Reformation nicht mit. So sehen wir auf einer Wanderung durch die reichen Dörfer überall Muttergottesbilder an den Wegen und den heiligen Nepomuk auf den Brücken. Wallfahrtsorte, wie Heiligelinde bei Rößel, Krossen bei Wormditt und der Kalvarienberg von Glottau bei Guttstadt, ziehen Scharen von Pilgern an. Die Menschen, ob es nun die Bauern des weiten Landes sind, die Fischer am Frischen Haff, die Handwerker und Kaufleute in den behaglichen kleinen Städtchen, wirken still und fromm, geprägt von der Weite der ostpreußischen Landschaft. Wenn man die zahlreichen Bauernwagen am Sonntag auf dem Weg in die Kirchen und Dome sieht und die festen, ausgeglichenen Gesichter betrachtet, dann weiß man, daß diese Menschen außer ihrem irdischen Werktag noch eine unverlierbare transzendente Bindung besitzen.

Der alte Mittelpunkt des Ermlandes liegt an der Alle, die lebendig und in großen Windungen durch ein fruchtbares Land zieht. In Heilsberg befand sich der Sitz des Fürstbischofs, der 1836 nach Frauenburg verlegt wurde. Das Schloß mit seinem hohen Dach, den vier spitzgiebeligen Türmchen

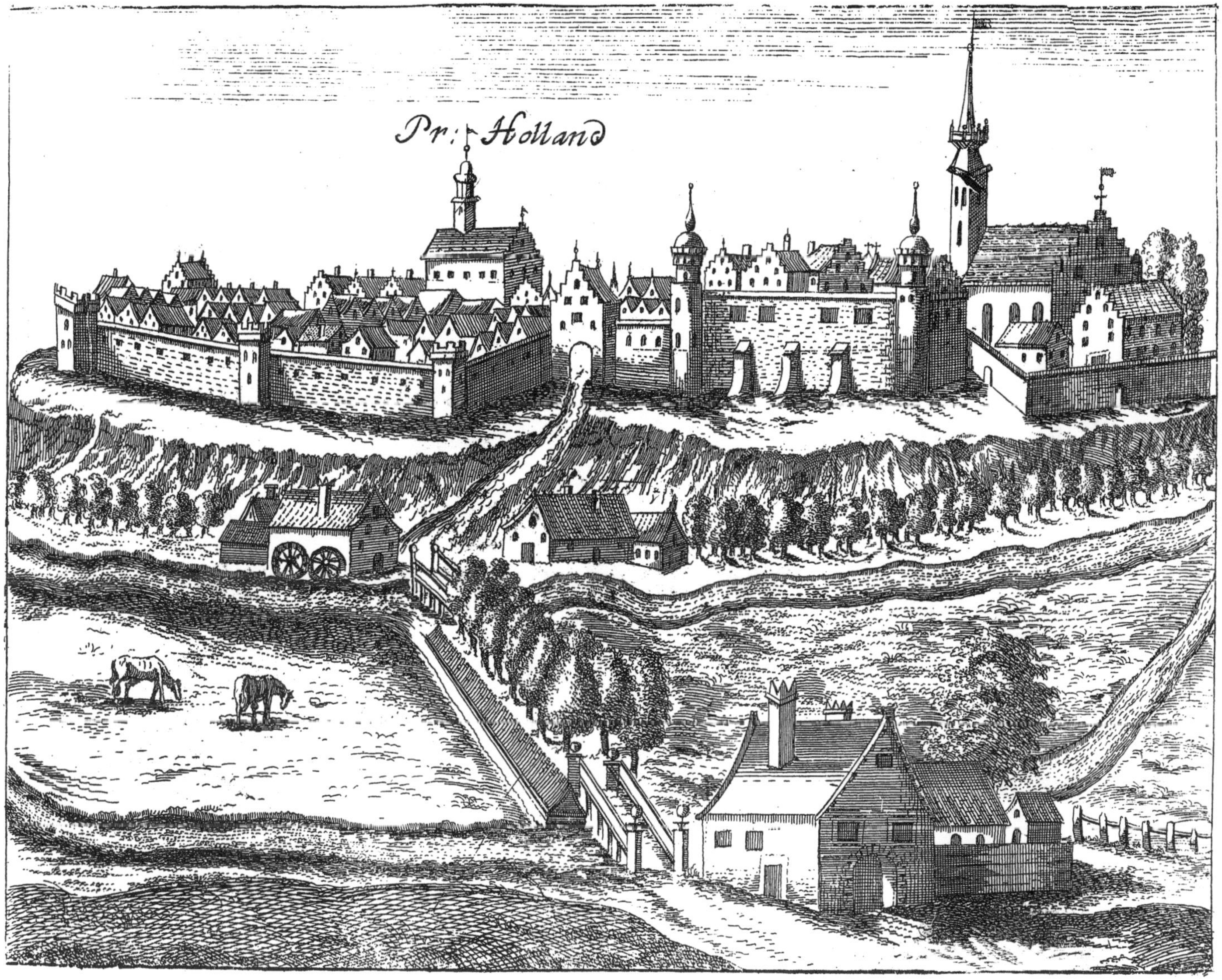

Preußisch Holland

und den wunderbaren Kreuzgängen im Innenhof ist die am besten erhaltene Schloßanlage. Die ehemalige Residenz mit ihrem stattlichen Hohen Tor, den Laubenhäusern am Markt und dem Nonnenkloster wirkt geradezu süddeutsch, wenn man vom Uferrand der Alle auf die roten Dächer blickt und auf die Mündung der Simser, deren Wasser über ein Wehr aufblitzend in den Fluß stürzt. Die mitteldeutsche Herkunft der Menschen verrät sich deutlich in ihrer Sprache. Ein Heimatgedicht der Gegend: »Maiooingt anna Sönsa« heißt »Maiabend an der Simser«. Ganz anders spricht der Teil Ermlands, der am Frischen Haff liegt, nämlich norddeutsch platt. Hier ein Zauberspruch aus der Neujahrsnacht, an einen Apfelbaum gerichtet:

»Bumke, Bumke, schloape nich
un vergett en nije Johr
de Früchte nich!«

Von Heilsberg darf man nicht Abschied nehmen, ohne ein kräftiges Gericht Heilsberger Keilchen, natürlich mit Speck, zu genießen, die sich innerhalb der vielen kräftigen und leckeren Gerichte einen guten Namen bewahrt haben.
In der gleichen Gegend liegen noch Guttstadt, das mit seinem alten Storchenturm auf den Vogelreichtum der Gegend hinweist, Rößel und schließlich Allenstein, die Stadt, die wegen ihrer zentralen Verkehrslage die älteren Schwestern überflügelt hat. Diese stolze Regierungshauptstadt mit breiten Straßen und grünen Anlagen, mit der Burg des ermländischen Domkapitels und der St.-Jakobi-Kirche, mit Giebellaubenhäusern am Markt, versteht es, eine sinnvolle Mitte zwischen der alten Zeit und den Aufgaben der betriebsameren Gegenwart zu finden. Ihre Strahlungskraft, was Industrie, Verwaltung und geistiges Leben angeht, geht weit ins Masurische und ins Oberland.
In der von den Nebenflüssen der Alle und der Passarge gebildeten Ebene liegt Wormditt an der Drewenz mit einem malerischen Marktplatz, wohlerhaltenen Lauben, einem mittelalterlichen Rathaus und vor allem der Kirche, von der Agnes Miegel singt: »Das rote Herz des Ermlands bin ich...«
In Mehlsack an der Walsch und seinem romantischen Naturschutzgebiet zeigt sich das Ermland, das nirgends so wie hier ein fruchtbares Bauernland ist, am schönsten. Hier wurde das mittelschwere Ermländer Pferd gezüchtet, das man im Süden der Provinz bis nach Königsberg oft als Vorspann zu schwereren Lasten fand. Es ist im Gegensatz zum nervösen, beweglichen Trakehner ein Kaltblüter.
Jenseits der Flußniederungen erhebt sich wieder ein Sockel des ostdeutschen Höhenzuges mit dem etwa zweihundert Meter hohen Schloßberg, und dann winkt in weiter, silberner Wasserfläche das Frische Haff. Hier ist das Zentrum des ermländischen Volkes, um Frauenburg mit seinem Dom, dem »Dom am Meer«. Es ist ein gotischer Backsteinbau mit zwei spitzdachigen Türmen am Schaugiebel und einer feingliedrigen Arkatur der Giebelkanten. Das sternüberwölbte Mittelschiff ist ein Symbol für die menschliche Hingabe an eine höhere Welt. Der Glockenturm mit der kupfergedeckten Doppelhaube und der Kopernikusturm gehören zum Gesamtbild des türmereichen Domberges. Dreißig Jahre hat Nikolaus Kopernikus, der in Thorn geboren wurde und einige Jahre auch in Allenstein wirkte, hier im Schatten des Domes an seinem epochalen Werk »De revolutionibus orbium coelestium« gearbeitet. Mit großer Ehrfurcht betreten wir diese Räume, in denen der Schöpfer des modernen Weltbildes gelebt hat, und betrachten das wenige von seinen Schriften und seinem Handwerkszeug, das uns hier noch erhalten blieb.
Der Dom liegt dicht am Haff, so daß der Geruch der Netze und des Tangs herüberweht, daß man den frischen Wind spürt und auf den hellen sandigen Wall der Nehrung hinübersehen kann. Die großen Lommen, die bei voller Ladung Groß- und Besansegel sowie die vier Vorsegel gehißt haben, sind der Stolz der Haffschiffer. Schon am Morgen hört man

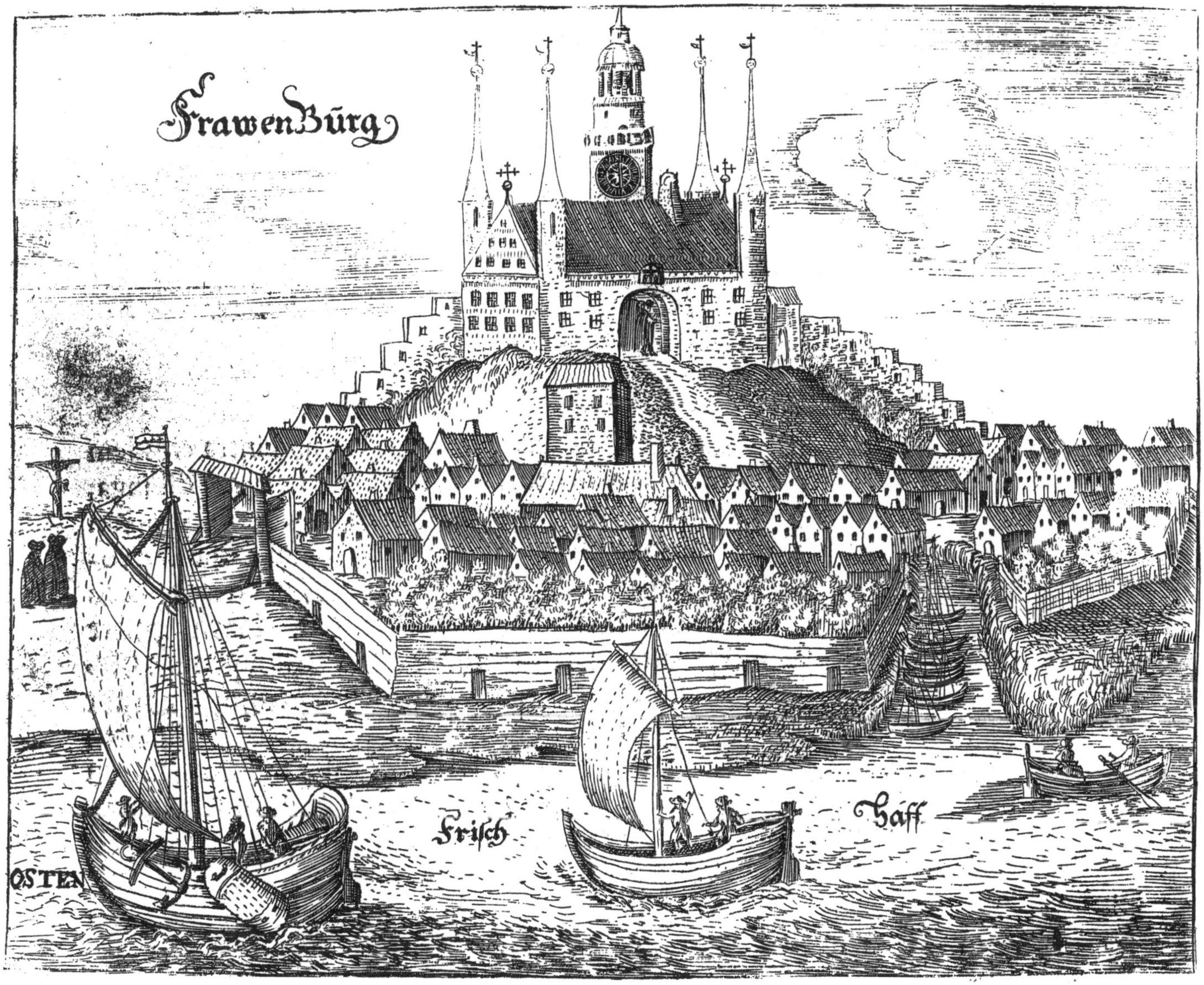

Frauenburg

hier sowie in Tolkemit die Rufe der Fischerfrauen, die ihre frische, zappelige Beute verkaufen möchten. Es liegt eine helle, bewegliche Atmosphäre über dem Land und seinen Menschen, die in Vorzeiten Schweden, Dänen, Russen, Franzosen und Polen haben kommen und gehen sehen und die doch ein arbeitsames, sehr genügsames und gesundes Geschlecht geblieben sind, den Dingen des Alltags gewachsen und mit den inneren Sinnen den Stimmen der Kirchen lauschend, die überall stehen. In diese Welt der Fischer und des Haffes führt uns Willy Kramp in seinem Roman »Die Fischer von Lissau«.

Die größte Stadt der Gegend aber ist Braunsberg, vormals eine Hansestadt, die damals mehr Flachs und Garn verkaufte als Königsberg. Welch ein buntes Gewimmel im Hafen an der Passarge! Die wiederaufgebaute Katharinenkirche im Rot des Backsteins mit wuchtigem Turm und Sterngewölbe innen und das Rathaus mit seiner hellen, figurenreichen Fassade und dem kubischen Uhrenturm sind die Wahrzeichen der Stadt. In dem barocken Steinhaus wohnten die Alumnen des Priesterseminars seit vierhundert Jahren, so daß Braunsberg auch den geistig-religiösen Mittelpunkt des Ermlandes darstellte.

In diesem Lande der Kirchen seien ein paar Worte zu den ostpreußischen Friedhöfen gesagt. Es gab wunderbare, stets sorgfältig gepflegte Friedhöfe in den ostpreußischen Städten Königsberg, Allenstein, Insterburg, Tilsit und Memel. Steine, auf denen berühmte Namen stehen, die ihren Klang bis heute bewahrt haben. Das Rauschen der Trauerweiden und Lebensbäume erzählt vom Leben und Sterben vieler Geschlechter, und man wandert gern über diese Friedhöfe, besonders im Frühling, wenn das lebenstolle Jubilieren der Vögel einen so sichtbaren Gegensatz zu den Wohnungen der Toten bildet.

In den Kirchdörfern ruhen die Toten im Schutz der alten Kirchen, die mit ihren weißgekalkten Mauern und dem wehrhaften Turm ihren Schlaf bewachen. Nirgends aber wird einem die Vergänglichkeit alles Irdischen so vor Augen geführt wie auf den kleinen Fischerfriedhöfen am Meer. Halb vom Dünensand verweht, in einer blühenden, wuchernden Wildnis, so liegen sie einsam da. Die ärmlichen kleinen Holzkreuze, in manchen Gegenden überdacht, in anderen mit einer Fotografie des Toten versehen, der einen dann gleichsam aus dem Grabe heraus anblickt, sehen morsch aus und zum Verfall bereit.

Die Friedhöfe an den großen Strömen, an der Memel und Weichsel wie auch an den beiden Haffen, sind wegen des Hochwassers oft aufgeschüttet. Von alten Bäumen umrauscht, so erheben sie sich wie Richtmale über die grünen Ebenen der Niederungen und Werder. Während des Hochwassers sammeln sich Hirsche und Rehe, Wildschweine und Elche und alles Getier bis zu den Maulwürfen hier oben, und auch die Menschen finden, wenn sie vom Hochwasser überrascht werden, oft keine bessere Fluchtstelle. Manchmal geschieht es, daß eine große Eisscholle einen Friedhof von der Seite aufreißt und zum Entsetzen der umliegenden Dörfer die Särge frei werden oder sogar einer auf dem Wasser davonschwimmt.

Bei einer Fahrt durch das Land begegnet man auch kleinen Gutsfriedhöfen. Unter Eichen ruhen hier die alten Rittergeschlechter. Wer mit der Geschichte vertraut ist, liest auf den schlichten Kreuzen, kaum noch entzifferbar, Namen, die alles andere als tot sind. Das gilt besonders für die Parks der schon erwähnten Herrenhäuser. In klassischen Tempeln oder in neuromanischen oder gotisierenden Mausoleen liegen hier diejenigen begraben, die infolge ihres Ranges und Reichtums, oft auch ihrer geistigen Überlegenheit, entscheidend in die Geschicke des Landes eingreifen durften.

Einen erhabenen Eindruck gewinnt man an den Grabsteinen der Unsterblichen im Geist, etwa vor dem Grabmal Immanuel Kants am Dom zu Königsberg.

Das Kreuz gehört in dieses Land. Ob es den ersten Missionaren, Adalbert von Prag und Brun von Querfurt, gilt, ob den

Gefallenen so vieler Kriege, den Opfern der Pest und anderer Seuchen. Zahllose kleine Kapellen am Wegesrand rufen Erinnerungen wach; zahlreiche Wallfahrten erflehen dankbar Geborgenheit und Frieden.

IM LAND DER PFERDE

Durch die Mitte des Landes wandert man wie durch alte Parks. Wohl ziehen weite Roggenfelder über die Hügel, die Kartoffeln winken mit ihren bunten Blüten, gelbe Lupinen tupfen freudige Farbnuancen in die Landschaft, aber überall ist doch wieder der Wald da. Das sanfte Auf und Ab der Landschaft erscheint einem wie eine Fortsetzung des Wellenspiels der Ostsee, nur daß ihr rauschender Rhythmus hier erstarrte und zu einer feierlichen Stille wurde. Nirgends ziehen sich die Felder ins Endlose, sondern finden in den Baumgruppen bildhaft und ausschnitthaft überall einen Rahmen.

Die Drahtgitter der Roßgärten spannen sich wie ein Netz über das Land. Schrullige Kopfweiden, diese Eigenbrötler an Dämmen und Landwegen, werden an ihnen oft zu einem lebendigen Zaun. Große Herden des schwarzweißen ostpreußischen Herdbuchviehes, stattlich und breit, ziehen grasrupfend über die teppichartigen Weiden. Man schaut ihren schweren blanken Leibern gern nach, wenn sie wiederkäuend in einer Ecke des Roßgartens stehen oder mit urhafter Geduld sich von den Mägden die Milch aus den kraftstrotzenden Eutern ziehen lassen.

Das Herz des Ostpreußen gehört seinen Pferden. Man sieht sie am Abend auf den Wiesen eines Flusses in leichtem Nebel stehen oder in jugendlichem Übermut in einer Kavalkade gegen das Roßgitter heranbrausen. Schlank und sehnig sind ihre Leiber, deutlich hebt sich die Elchschaufel, das Zeichen ihres edlen Trakehner Blutes, auf dem Schenkel ab.

Das Gestüt Trakehnen an der Pissa wurde 1732 von Friedrich Wilhelm I. gegründet, und man begann die aus dem ostpreußischen Wildpferd der Prussenzeit stammende anspruchslose Schweike mit arabischen und englischen Vollbluthengsten zu mischen, so daß unter scharfer Auslese das edle ostpreußische Warmblutpferd, der Trakehner, entstand. Als Kutsch-, Reit- und vor allem Militärpferd ist es mit der preußischen Geschichte verbunden. Gegen vierzigtausend Pferde wurden jährlich in die europäischen Länder und nach Übersee verkauft. Die vielen Geschichten und Begebenheiten, die um das ostpreußische Pferd kreisen, zu erzählen, hieße ein Buch schreiben. Denkmäler, Schriften, Gemälde und Gedichte verherrlichen es. Für vieles mag ein Gedicht von Hermine von Olfers-Batocki sprechen, das wir auszugsweise bringen:

»Zwischen Braunsberg und Trakehnen,
wo die Wiesen am weitesten sind,
da wehen der Rosse Mähnen
im scharfen Ostseewind.

Zwischen Mertensdorf und Weedern
und am Steinorter See –
wie da die Fesseln federn,
wo Stuten weiden im Klee.

Zwischen Rominten und Alle
grüßt manches alte Gut,
da steht im geräumigen Stalle
der Hengst von edlem Blut.

Durch tiefe Niederungen
der Bauer lenkt's Gespann,
da reiten seine Jungen,
da heißt es: glatt gesprungen,
Gut, wer's am besten kann!«

Auf den Wiesen schreiten majestätisch die Störche einher, ab

und zu nach einem Frosch gabelnd. Manchmal ist der so selten gewordene schwarze Storch dazwischen. In hellen Juninächten stehen sie über ihrem Nest auf dem Dachfirst der Scheune und heben sich als feine Silhouette ab. Von den Vögeln Masurens und des Oberlandes wurde schon erzählt. Ostpreußen hat noch Plätze für wilde Tiere.
Man braucht sie nicht einmal immer auf den Feldern und in den Wäldern zu suchen. Man begegnet ihnen in den Büchern zahlreich genug. Da schreibt Rudolf G. Binding sein berühmtes Buch von den ostpreußischen Pferden – »alles Glück der Erde liegt auf dem Rücken der Pferde« – und Alfred Brust in seinem großen Roman »Eisbrand« läßt sogar ein Reich der Pferde entstehen. Da schreibt Agnes Miegel sommerlich und erdhaft von der Kuh Audhumla, um allen Kühen ein Denkmal der Dankbarkeit zu setzen, denn sie ernähren Menschen und Völker. Das Elchbuch von Martin Kakies berichtet in dichterisch beschwingter Sprache von den Elchen der Kurischen Nehrung und der Memelstrommoore, und Walter von Sanden-Guja erzählt, ebenso stark verdichtet, von seinem heimatlichen See und den vielen Wasservögeln. Georg Hoffmann jagt mit seiner Kamera die Vogelwelt der masurischen Seen. Nirgends scheinen die Menschen so innig mit ihren Tieren zu leben wie hier.
Die Straßen der kleinen Städte und Dörfer mit ihren Vorgärten und spielenden Kindern, mit ihrer Möglichkeit, weit in die Höfe und Häuser hineinzusehen, lassen Familienbilder von einprägsamer Kraft vor einem entstehen. Es ist ein Land der Mütter und Kinder und strahlt eine natürliche Herzlichkeit und Frische aus. Man schämt sich hier auch starker Gefühle nicht, und wenn man so eine rundliche Ostpreußin mit ihren Kindern sieht, möchte man wohl selbst gern »Tante« zu ihr sagen, so sehr wirkt ihre mütterliche Wärme über ihren eigenen Kreis hinaus ins Allgemeingültige.
Der Ostpreuße neigt überhaupt zur Fülle und Behaglichkeit, was sich schon in den reichen Zärtlichkeitsformen der Sprache kundtut. »Lieberchen, aber Ja-chen oder Du-chen« und ähnliche, oft originell und unbekümmert um Sprachgesetze abgeleitete Formen hört man genug auf Straßen und Plätzen.

OSTPREUSSISCHER HUMOR

Im Zusammenhang mit der Sprache seien auch ein paar Worte zum ostpreußischen Humor gesagt. Es gibt ihn, wenn auch leider manche Verzerrungen auf diesem Gebiet den ostpreußischen Menschen als bodenlos gefühlsselig, einfältig und rückständig darzustellen versuchen, wobei man dann erstaunt ist, daß man ihn sehr nüchtern, gegenständlich, kompromißlos, hart und starr vorfinden kann. Zwei Seelen leben, ach, in seiner Brust. Die vielfache Berührung mit fremden Völkern hat sehr deutlich einen rationalen, moralistischen Zug und einen irrationalen, gefühlsmäßigen und phantasievollen Zug im Seelenleben des ostpreußischen Menschen entstehen lassen und zu spannungsreichen, unharmonischen, gegensätzlichen Verhaltensweisen geführt, die den Fremden oft überraschen.
Der ostpreußische Humor liegt teils in der Sprache, teils in überraschenden Antithesen, teils in den besonderen bäuerlichen Eigenschaften der Menschen. Die Langsamkeit des Denkens soll zum Beispiel in der Anekdote von den beiden Bauern, die nach Insterburg fahren, unterstrichen werden. Da sagte der eine am Morgen auf der Hinfahrt, indem er mit dem Peitschenstiel auf die Felder zeigt: »Der Roggen steht gut!« Erst auf der Rückfahrt, als sie an derselben Stelle vorbeikommen, sagt der andere: »Der Weizen auch!« Wegen ihrer Schlagfertigkeit waren die Fischweiber in Königsberg berühmt. Da gingen zwei Studenten über den Fischmarkt. Einer hielt sich die Nase zu und sagte: »Das stinkt aber!« Da schrie ihn eine Frau an: »Wat is denn, Härrke, habe Se de Hose voll?« Unter dem Gelächter der Umstehenden mußten die Herren Studenten flüchten und hörten hinter sich eine Schimpfkanonade, in der die Worte Lachudder, Luntrus, Lorbas, Labommel und andere vorkamen.

Ähnlich schlagfertig ist folgende Szene: Ein hoher Regierungsbeamter, der ungewöhnlich beleibt ist, versucht auf der Straße in ein Auto einzusteigen, zuerst mit dem Kopf, dann von der Seite, dann von hinten – es gelingt ihm nicht. Ein paar Leute sehen dem Bemühen lachend zu, und eine Frau sagt gemütvoll: »Hären Se mal, Härrke, ei wenn Se sich möchten nackt ausziehen und mit griene Seife einschmieren – vleicht geht's dann!« Auch die Sprichwörter und Weisheiten haben diese humoristische Hintergründigkeit: »Läwer god läwe on dafór e Joahr länger!«
Hervorragend sind die beiden humoristischen Bücher von Robert Budzinski »Die Entdeckung Ostpreußens« und »Kuri neru«. Hören wir einen Abschnitt, der gleichzeitig für die ostpreußische Besiedlung und Namensgebung sehr auf-

Braunsberg

schlußreich ist:
»Bei meinen Wanderungen stieß ich wiederholt auf Ortschaften mit nicht sehr bekannten, aber desto klangvolleren Namen, so daß ich oft glaubte, mich in einer verzauberten Landschaft umherzutreiben. So fuhr ich einmal mit der Bahn von Groß-Aschnaggern über Liegetrocken, Willpischken, Pusperschkallen nach Katrinigkeiten, frühstückte in Karkeln, kam über Pissanitzen, Perkuiken, Jukenischken, Kuhdiebs nach Katzenduden, aß in Aschlackem Mittag, verirrte mich dann in Pudelkeim, Pupinnen, Bammeln, Babbeln und abendbrotete in Pschintschiskowsken, übernachten wollte ich in Kartzpanupchen, wo ich entdeckte, daß ich infolge der vielen mir vorgekommenen merkwürdigen Namen meinen eigenen Vatersnamen ganz vergessen hatte, was den Wirt in Kartzpanupchen mit Namen Strunzkeitski veranlaßte, mich fortzuweisen; so ging ich über Strontzken, Grondzken und Dumbeln nach Bumbeln und Budschißken, wo mir mein Name infolge der Klangähnlichkeit wieder einfiel. An den folgenden Tagen lernte ich noch kennen: Plampert, Purtzunsken, Kotzlauken, Mierunsken, Spirokeln, Wanagpuchen, Meschkruppchen, hörte noch von Spucken, Maulen, Puspern, Plumpern, Schabbeln, Wabbeln, wurde ohnmächtig und erwachte in Mierodunsken, wo mich der Landjäger von Uschpiauschken hingebracht hatte. Es dauerte lange, bis ich meine Sprache beherrschte; denn meine Zunge drehte sich mir fortgesetzt im Leibe um, so daß ich auf die Frage des Mannes, wohin ich wollte, sagte: Göbisknerg – Kösichgers – Knösiggerb – Königsberg. Der Beamte meinte: über Mischmiautzken oder Kampinischken, was mich so ärgerte, daß ich ihn mit Dammelskopp anschrie. ›Das liegt an der anderen Strecke‹, sagte er entgegenkommend. So gelangte ich denn über mehrere -ischken, -unsken, -schkallen und -scheiten nach Königsberg. Ein Blick in den Eisenbahnfahrplan überzeugte mich, daß ich nicht geträumt hatte.«

* * *

VON KÄUZEN UND GELEHRTEN

Der Sinn für Familie und eigenen Besitz war in Ostpreußen stark ausgeprägt. In den vielen kleinen Städten und Dörfern gab es kaum Mietskasernen; jeder möchte sein Haus haben, auch wenn es nur einstöckig und aus Holz ist. Die bunten Bauerngärten hinter den Staketenzäunen blühen in heimlicher Stille. Strohdächer, Schilfdächer, bemoost und altertümlich, ziehen ihre Kapuzen tief ins Gesicht. Zu den weißgekalkten Wohnhäusern führt meistens eine breite Freitreppe empor. Hier sitzen die Landleute an schönen Abenden in behaglichem Gespräch, wenn ihnen die drängende Arbeit Zeit dazu läßt. Die Sommer sind kurz. Kaum erblüht, flammen sie mit ihren hellen Nächten empor und versinken dann schon wieder in Reife, Frucht und Ernte, bis der Altweibersommer durch die goldene Luft des Herbstes zieht und bald auch schon ein langer kalter Winter mit Schlittenglocken und Eisblumen an den Fenstern auf Monate die bäuerliche Welt um Herd und Ofenbank sammelt.
Viele Namen hat in diesen Gegenden mit langen Winternächten das Bett: Koje, Hotz, Bocht, Heiwing, Wirr und Halala für die Kleinen. Man schläft in Daunenbetten von unvorstellbarer Fülle; denn Gänsefedern gibt es hier genug. Man ißt gern gut und viel, trinkt froh und unbeschwert, sei es Grog, Meschkinnes, Russer Wasserpunsch, Pillkaller und wie die Schnäpse alle heißen mögen. Man liebt die Pferde, die Jagd und alles Männliche und hat auch immer Zeit für Nachbarn und Freunde, für Besuch und fröhliche Feste, wobei gern gesungen wird. »Zogen einst fünf wilde Schwäne...«, »Es dunkelt schon auf der Heide...«, »Wo des Haffes Welle trecke an den Strand...«, das sind Lieder, die weit über Ostpreußens Grenzen bekannt geworden sind, dazu das Ännchen von Tharau, die »ostpreußische Nationalheilige«, wie Budzinski sie nennt.
In einsamen Gegenden findet man eine merkwürdige Neigung zu Weltflucht und Sinniererturn, besonders im Memel-

land und in Masuren, und es scheint, als müßten die Menschen den Überhang an Lebensfreude und Sinnenlust irgendwie mit Schwermut bezahlen. Viel Volkstum hat sich hier gemischt, deutsches und prussisches, litauisches und masurisches. Die Salzburger und Hugenotten kamen dazu, in den Hafenstädten die Schotten, und in die uralten Siedlungen der Kuren und Wikinger haben wir erst in neuerer Zeit durch Ausgrabungen überraschenden Einblick bekommen.

Es wird immer vergebliches Bemühen sein, die Seelenhaltung eines Volkes vollkommen zu erfassen, aber auf eines muß noch hingewiesen werden. Zum Wesen des ostpreußischen Menschen gehört ein bestimmter Sinn für Ungebundenheit und Freiheit, ein hartnäckiges Anstehen gegen jeden Druck, von welcher Seite er auch kommen möge. Ostpreußen war keine Provinz, sondern ein Land. Es wäre verlockend, den Freiheitsdrang der Ostpreußen an den Höhepunkten ihrer Geschichte nachzuweisen. Begnügen wir uns mit dem Ausspruch des großen ostpreußischen Schaupielers und Menschendarstellers Paul Wegner: »Ich glaube, daß es des Ostpreußen Bestes ist, daß er sich nicht aufgibt und nicht des Scheines wegen nachgibt, sondern den Mut und die Kraft hat, er selbst zu sein.«

Im übrigen ist es nicht wahr, daß Ostpreußen arm an geistigem Leben wäre; wahr ist allerdings, daß bedeutende Persönlichkeiten allzuoft in die Zentren des kulturellen Lebens abwanderten. Da ist auf einsamer Höhe Immanuel Kant, dessen Wort vom gestirnten Himmel und moralischen Gesetz nie vergessen werden kann, solange es eine menschliche Kultur gibt. Merkwürdig gegensätzlich prallen die Geister aufeinander. Gottsched, der Literaturpapst des 18. Jahrhunderts, versuchte, dem Pegasus eine lammfromme Gangart aufzunötigen und rannte mit dem Metermaß hinter den Verszeilen her, während Hamann, der »Magier des Nordens«, in reiner Gefühlsseligkeit über die Drahtverhaue eines in platte Vernunft versinkenden Jahrhunderts sprang. Arno Holz aus Rastenburg bastelte wieder, in vielem an Gottsched erinnernd, an der Form der naturalistischen Epik und Lyrik, Ernst Wiechert und Alfred Brust aber tauchten in die tiefen Gründe der Symbolik und Mystik. Herder wird zum großen Anreger der Klassik und Sammler der Volkslieder der Welt, E. T. A. Hoffmann aber schießt seine geistreichen und gespenstischen Kapriolen und wird zum Vater des Surrealismus. Agnes Miegel holt aus dem Born der Sagen ihre erregenden Balladen und aus der Tiefe eines fraulichen Herzens ihre erschütternde Lyrik. Der weltgewandte Hermann Sudermann erobert mit seinen revolutionären Gesellschaftsstücken die Bühne der Welt von Berlin bis Tokio und wird eigentlich erst zum wahren Dichter an dem Stoff seiner heimatlichen memelländischen Moore. Der Memeler Simon Dach singt das Lied vom Ännchen von Tharau und das von der Freundschaft, und seine Kirchenlieder atmen die gleiche Frömmigkeit wie die von Paul Flemming und Paul Gerhardt. Dem Pfarrer Georg Weissel gelingt in einer begnadeten Stunde das »Macht hoch die Tür, die Tor macht weit«. Und weiter in diesem Film der Begabungen: Max von Schenkendorf erhebt Schwert und Leier zum Freiheitskampf 1813, aber er weiß auch von innerlichen Dingen: Freiheit, die ich meine. A. K. Thielo besingt die zarten Stimmungen am Memelstrom, Walter Heymann den mysteriösen Sand der Kurischen Nehrung. Der Geschichtsforscher Ferdinand Gregorovius aus dem kleinen Neidenburg schreibt eine epochemachende achtbändige »Geschichte Roms«. Ludwig Rhesa klagt um sein von den Wanderdünen verschüttetes Heimatdörfchen Carwaiten, und der Vogelprofessor Thienemann beringt die Zugvögel, um ihre seltsamen Wanderwege zu erforschen, und beginnt im 20. Jahrhundert mit einer regelrechten mittelalterlichen Falkenbeize.

Wie reich und bunt sind die Wege ostpreußischen Geistes! Da ist auch der an Jean Paul erinnernde Theodor Hippel, der so merkwürdige Bücher schrieb wie »Über die bürgerliche Verbesserung der Weiber« und der als Stadtpräsident von Königsberg ein eifriger Kunstsammler war. Zacharias Wer-

ner gilt als der Urheber der deutschen Schicksalstragödie und wird neben Goethe und Schiller genannt, aber seine disharmonischen Charakteranlagen zerbrachen ihn.
Das ist der Reichtum ostpreußischen Geistes. Viel mehr kann man von einer Provinz, die einen so ungeheuer großen Teil ihrer Bevölkerung an Berlin und den industriellen Westen abgegeben hat, nicht erwarten. Dabei darf man nicht vergessen, daß die realistische und tatenfreudige Einstellung des Ostpreußen eigentlich mehr zu Seefahrt, Politik und Wirtschaft drängt als zur künstlerischen oder wissenschaftlichen Betätigung. Große Maler, wie Michael Willmann, Walter Leistikow, Lovis Corinth und Käthe Kollwitz, große Soldaten, wie Hindenburg und von der Goltz-Pascha, große Schauspieler, wie Paul Wegner, große Kritiker, wie Paul Schlenther, bedeutende Politiker waren im ostpreußischen Raum seltener als im menschenüberfüllten Westen.
An Sagen, Märchen und abergläubischen Vorstellungen ist man im Lande der Wälder und Seen nicht ärmer als sonstwo. Alte Opferplätze und heilige Haine gibt es genug, und wenn man erfährt, daß noch im 16. Jahrhundert in abgelegenen Gegenden den alten Prussengöttern geopfert wurde, dann spürt man etwas vom Unterschied zwischen dem Rhein und dem Memelstrom. Teufelssteine liegen in allen Schluchten, und vergrabene Schätze bedeuten in der Phantasie des Volkes immer noch eine unheimliche Lockung. Die Bernsteinhexe treibt ihr Wesen, die Kornmuhme zieht durch die Felder, der Stinthengst haust in den Gewässern, die Eulen künden des Nachts den Tod an, und schwarze Katzen wie auch das Rabengekrächze sind keines Menschen Freude. Gespenster huschen um alte Burgruinen, tote Gutsherren steigen aus ihren Grabgewölben und gehen mit ihrem Krückstock über die Felder. Den Toten legt man ein Licht und die Streichhölzchen bei, damit es unten nicht so dunkel ist, und bei den Totenfeiern siegt oft lärmend die Lebensfreude, daß man den Sarg in einer Ecke hochkant aufstellt, um Platz zum Tanzen zu haben. Die Pferde zeigen den Tod an, können in der Johannisnacht sprechen, und man kann mit ihnen das Feuer »ausreiten«. Junge Mädchen suchen in den Bächen das Spiegelbild ihres Zukünftigen, beteiligen sich am »Schmackostern« und holen aus den katholischen Kirchen Weihwasser, auch wenn sie evangelisch sind, weil das stärkere Wirkung hat. Wölfe heulen des Nachts meistens nur noch in alten Geschichten, weil die Förster sie, wenn sie einmal aus Rußland überwechseln, allzu rasch abschießen, aber die Auerochsen weiden ruhig in der Rominter Heide.
Seltene Pflanzen, die meistens unter Naturschutz stehen, wie der Stranddistelbusch oder die nordische Linnäa auf der Kurischen Nehrung, die seltene Frauenschuhorchidee in den Wäldern Masurens, Wiesenwollgras und Porst in den Mooren, Seerosen und Mummeln auf den vielen Gewässern, Seidelbast, Wiesenkuhschellen und die Arnika erfreuen das Herz des Naturfreundes, wenn er ihnen auf seinen einsamen Wanderungen begegnet.
Verlassen wir die Mitte des Landes, nicht ohne seinen kleinen Städten Heiligenbeil, Kreuzburg, Zinten, Friedland, Bartenstein, Preußisch Eylau, Domnau, Gerdauen, die im wesentlichen zu der reichen prussischen Landschaft Natangen gehören, einen kurzen Besuch abzustatten. Hier liegt auch das große Zehlaubruch, ein Hochmoor, das immer noch, einzigartig in Deutschland, am Wachsen ist und so seltene Pflanzen beherbergt wie den Sonnentau.
Mitten durch Ostpreußen fließt der Pregel, der nicht wie die meisten Flüsse aus fremdem Land kommt. Vor dreihundert Jahren wucherte noch die Grenzwildnis zwischen seinen Quellen. In diese Gegend glaubte der Königsberger Professor Hasse in einer gegen Ende des 18. Jahrhunderts veröffentlichten Schrift das Urland der Menschheit und das Paradies verlegen zu können, ein Gedanke, der damals außerordentliches Aufsehen erregte. Nun steht hier auf fruchtbarem Bauernland manche schöne Stadt, Goldap an seinem hübschen See, Eydtkuhnen an der Grenze, Angerburg mit seinem schönen Wasserschloß. Da ist das von den Salzbur-

gern gegründete Darkehmen, und Gumbinnen, die Regierungshauptstadt, verdankt ihr Dasein der Fürsorge König Friedrich Wilhelms I. Vor dem Regierungsgebäude stand sein von der Meisterhand Rauchs geschaffenes Denkmal, und auch das riesige Elchstandbild vor dem alten Magazin bleibt in plastischer Erinnerung. Das Land ist reich an großen Gütern und Schlössern, wobei wir vor allem an den Renaissancebau des Schlosses Beynuhnen denken. An sonnigen Herbsttagen durch die weite Rominter Heide zu wandern, das ist für jeden eine Freude, auch wenn er kein Gewehr auf dem Rücken trägt.
Dort, wo sich die Quellflüsse zum eigentlichen Pregel sammeln, liegt im lieblichen Instertal eine rasch gewachsene Stadt: Insterburg. Man geht gern durch die behaglichen Straßen, sieht sich das Schloß an und kann, wenn man Glück hat, an einem Pferderennen auf dem Turnierplatz Georgenhorst teilnehmen.

ÜBER DIE KURISCHE NEHRUNG

Das Kurische Haff und die Kurische Nehrung sind wunderbare Einfälle der Phantasie und Kraft des Memelstroms. Er hat Zeit, sich in vielen Armen und Teichen zu verschwenden, breit ist sein Urstromtal, mächtig zieht er mit dem Heer der Wolken, die sich in seiner Bläue festlich spiegeln. Der Wind geht mit ihm, die Gewitter laden vor ihm die Last ihres Zornes ab. Die Fischerdörfer unter hohen Sturmweiden schmiegen sich an seine Ufer, Kinder spielen im Schilf, Frauen waschen an seinem Strand, die weißen Segel der Fischerkähne ziehen geruhsam über die dunkle Wasserfläche. Die Netze hängen an hohen Stangen zum Trocknen, und man sieht durch sie hindurch die Fischerdörfer wie unter einem geheimnisvollen Schleier liegen.
Die Brücken bei Tilsit, die sich hochgewölbt von Ufer zu Ufer schwingen, haben etwas Luftiges, besonders wenn die Abendröte, die in der Gegend von einer brennenden und unwahrscheinlichen Farbenpracht ist, durch das Netzwerk der Brückenbögen schimmert. Die Lichter von Tilsit und Ragnit erhellen in dieser Weite die einsame Nacht und funkeln bis zum großen, dunklen Juraforst hinüber. Es ist die Stadt, wo Preußens schönste Königin sich vor Napoleon demütigen mußte und wo man auf einem Floß mitten im Strom zwischen Alexander und Napoleon die Aufteilung Preußens aushandelte.
Es ist die Stadt, in der das Denkmal Schenkendorfs steht. Hier trieb der alte Gisevius seine volkskundlichen Untersuchungen, hier litt sich Johanna Wolff vom armen Hanneken zur Dichterin empor, und die arme Bäuerin Johanna Ambrosius sang ihr inbrünstiges Heimatlied: »Sie sagen all, du bist nicht schön, mein trautes Heimatland.«
Der Park Jakobsruhe mit den stillen Teichen, dem Memellandhäuschen und dem Denkmal der Königin Luise, das Grenzlandmuseum mit reichen Funden zur Geschichte des Landes, das Theater, die heitere Gastfreundschaft dieses gesunden Menschenschlages, das alles macht Tilsit zu einer liebreizenden Stadt. Der Strom gewinnt seine ganze Schönheit aber erst dort, wo er in sein breites Mündungsland einzieht. Wiesen in unendlicher Weite, dunkle Moore mit ihren kleinen Häuschen im Erlengestrüpp, feste Dämme, von denen man weit ins Land schaut, geben ihm ein feierliches Geleit. Silberweiden stemmen sich überall gegen die Weite des Himmels, Störche stehen wie einsame Philosophen auf den Heuhaufen.
Im Juni strömen die Bauern von der Höhe des Landes zur Heuernte herbei. Dann verleben sie Tage und Wochen in Zelten oder einer Art Wagenburg, wobei abends die Lagerfeuer überall aufleuchten, die Schifferorgel ertönt und zwischen den duftenden Heuhaufen getanzt, erzählt und geschwärmt wird. Kaum nimmt dieses Stückchen Bauernromantik mit den abfahrenden hochbeladenen Heuwagen ein Ende, dann wird es wieder still in dem weiten Wiesenraum,

und die Elche, Störche, Schnepfen und Möwen werden wieder die ungestörten Herren dieser Einsamkeit.
In viele Mündungsarme aufgespalten, haucht der große Strom zwischen Schilfwäldern und Inseln, vom schrillen Geschrei Tausender Wasservögel begleitet, sein mächtiges Leben aus. Ein Großer stirbt, und eine herzbeklemmende Schwermut erfaßt einen in dieser überlebensgroßen Landschaft aus Sumpf, Schilf und Wasserweiten.
Wenn man aber den Blick erhebt, sieht man jenseits des Kurischen Haffes in dunstiger Ferne die gelben Dünen aufleuchten: Es ist die Kurische Nehrung. Wie ein sanft gebogener Degen teilt sie Meer und Haff, ein Degen, dessen fester Griff am Samlandsockel bei Cranz liegt und dessen Spitze unentwegt auf Memel deutet. Dieses Eiland wird wegen seines Friedens und seiner versonnenen urlandschaftlichen Schönheit als Ergebnis eines achten Schöpfungstages bezeichnet. Grüner Wald, gelbe Dünen, stille Heiden voll Birken und Wacholder, Moorlöcher und Suhlen, in denen der Elch bei brütender Mittagshitze Labung sucht, Schilfbuchten am Haff, ewig rauschendes Meer mit seinem breiten, sauberen, feinsandigen Strand, an dem man so gut von Ferien und Freude träumen kann – das sind die Wunder der Nehrung. Fahrten ins Elchrevier, weiße Bäderdampfer, Frauen, die Flundern räuchern, der Geruch der fettbraunen Aale, weiße Sommerwolken gehören dazu. In dem Wüstenraum und Tal des Schweigens bei Nidden wird der Mensch zum Kriechtier, der mit leiser Angst hier alle gewohnten Maße zwischen Wasser und Sand zu verlieren scheint. Aus ganz wenigen Bestandteilen, Sand und Meer, Sonne und Mond ist hier ein Naturwunder geworden, eine Landschaft, die in keine der übrigen Klassen einzuordnen ist.
Das stille Sandkrug gegenüber Memel, wo die Königin Luise auf ihrer dramatischen Flucht erschöpft ankam und wo Kotzebue das Lied »Es kann ja nicht immer so bleiben, hier unter dem wechselnden Mond« dichtete, das tannenumrauschte Schwarzort, das unvergleichliche Nidden mit der Hohen Düne, dem Tal des Schweigens und dem Pestkirchhof, Pillkoppen, Rossitten und Sarkau, alles sind Perlen sommerlichen Friedens. In Rossitten stellte Ferdinand Schulz mit seinem aus »Besenstielen« selbst angefertigten Segelflugzeug im Jahre 1924 den Weltrekord im Segelflug auf, indem er acht Stunden und 25 Minuten in der Luft blieb. Leider verunglückte dieser bekannteste Segelflieger der Welt schon am 16. Juni 1929 mit einem Motorflugzeug bei Stuhm in Westpreußen. Rossitten ist ferner bekannt durch den Vogelprofessor Thienemann und seine Vogelwarte. Am 12. April 1938 starb er mitten unter seinen Tieren und Vögeln. Als der Sarg aus der kleinen Dorfkirche getragen wurde, umkreiste ein junger Seeadler ganz niedrig den Leichenzug, als wollte er als Abgesandter der großen Vogelscharen den Toten grüßen, ein Anblick, der selbst die rauhen Fischer rührte.
Schon Wilhelm von Humboldt, der so widerwillig nach Königsberg ging, sagte, die Kurische Nehrung müsse man ebenso wie Italien und Spanien gesehen haben, wenn einem nicht ein wunderbares Bild in der Seele fehlen soll. Um die letzte Jahrhundertwende waren es die Maler, die hier ein neues Landschaftsmotiv entdeckten. Das Fischerleben mit seinen urväterlichen Eindrücken, der karge Raum um Haus, Netzstangen und Garten, die altkurische Tracht von Mann und Frau und vor allem das ungeheuer flutende Licht über dem Sand ergaben überraschende Stimmungselemente. Neben Max Pechstein und Ernst Bischoff-Culm, den Entdeckern Niddens, stehen Schmidt-Rottluff, Birnstengel, Burrmann, Heinrich Klumbis und Alfred Partikel. Carl Eulenstein, in Memel geboren, wird durch verträumte Aquarelle unvergeßlich. Mollenhauer schwelgt gern in der flammenden Farbensymphonie der Nehrung, während Karl Knauf die dunklen Fischerkähne wikingerhaft zusammenballt. Kallmeyer ist der Maler der Elche, und viele Gemälde, die man später in Dresden, München oder Düsseldorf sehen konnte, feierten dieses einsame Eiland als eine epochemachende Entdeckung neben Worpswede. Den Malern folgten

Tilsit

Dichter und Musiker, und selbst Thomas Mann ließ sich in Nidden ein Haus bauen, weil er seine Sommer dort verleben wollte.
An der Mündung des Kurischen Haffes liegt die alte See- und Handelsstadt Memel, nicht vom Deutschen Ritterorden gegründet, sondern vom Schwertbrüderorden, der von Riga aus nach Süden vorstieß; sie bildet daher die Nahtstelle zwischen Ostpreußen und dem Baltenland. Durch viele Brandschatzungen kriegerischer Art und große Brände blieb die Stadt gegenüber ihren Schwestern Danzig, Königsberg und Riga zurück. Erst im 18. Jahrhundert gelangte sie durch einen umfangreichen Holzhandel zur Blüte, so daß damals so viele Schiffe die Haffmündung füllten, daß man, wie der Chronist stolz berichtet, trockenen Fußes zur Nehrung hinübergehen konnte. Einen Höhepunkt in der Geschichte bildete der Aufenthalt der königlichen Familie 1807 in der Stadt, woran Gemälde im Rathaus und das Luisendenkmal in Tauerlauken erinnern. Auch viele Anekdoten aus jener bewegten Zeit haben sich bei Memeler Familien erhalten. Auf einer Gesellschaft traf der König den bekannten Memeler Astronomen Argelander und fragte ihn leutselig: »Nun, was gibt es Neues am Sternhimmel?« Darauf Argelander: »Kennen Majestät eigentlich das Alte schon?« Sehr hübsch ist auch die Rechnung, die ein biederer Schuhmacher, der die Schuhe des Prinzen Wilhelm, des nachmaligen Kaisers Wilhelm I., repariert hatte, an den königlichen Hof schickte: »Seine königliche Hoheit den Prinzen von Preußen total versohlt und vernagelt = 6 Silbergroschen.«
Ebensoviel Mut vor Königsthronen wie Argelander bewies auf andere Weise der General Yorck, der mit den Russen gegen den Willen des Königs bei Tauroggen einen Vertrag abschloß und damit den Befreiungskrieg einleitete. Die Memeler Ratsherren traten schon drei Tage vor dieser Konvention zu den Russen über, ohne um ihre Köpfe zu fürchten. Ebenso eigenwillig war der Reichsfreiherr vom Stein, Napoleons Gegenspieler, der in den schmalen Straßen Memels auf vielen Spaziergängen seine großen Ideen der Bauern- und Bürgerbefreiung wälzte.
Mitten in der Stadt sieht man von der Dange aus den schönen Turm der Johanneskirche, die Flachswaage, die Börse, die Brücken und das Theater. Das liebliche Mädchenbild des Ännchens von Tharau ist vom Theaterplatz an den Libauer Platz verlegt worden.
Es riecht nach Schilf, Holz, Teer, weitem Wasser und Schiffen. Simon Dach wurde hier geboren, und Kants Vorfahren trieben in der Memeler Ecke ihr ehrsames Sattlerhandwerk. Heinrich Schliemann gewann in dem damals reichen Memel die Mittel, die er zur Ausgrabung Trojas verwandte.

DIE BERNSTEINKÜSTE

Wo die Nehrung am südlichen Ende wieder festes Land gewinnt, liegt hoch über dem Meer das schöne Samland mit seinen alten Bauernhäusern, den tiefen Schluchten und den reichen Kornfeldern.
Selten hat die Natur eine so wilde Uferlandschaft geschaffen wie an der samländischen Westküste, der Bernsteinküste, von wo her auch ganz Ostpreußen oft als das Bernsteinland bezeichnet wird.
Hoch wandert man auf schmalem Pfad durch alte Wälder, die sich häufig in gepflegte Parks verwandeln, und eine Reihe wunderschöner Bäder schmiegt sich an das zerrissene Nordufer. Da ist Cranz am Sockel der Nehrung, das Bad der Königsberger, da ist Neukuhren, da ist Rauschen mit seinem tiefen Waldsee, da ist Georgenswalde mit seiner besinnlichen Heideschönheit und vor allem Warnicken, wo die Steilufer ihre ganze Wildheit entwickeln und der Wald voller Glockenblumen und Lupinen steht. Von hier aus schaut man schon zum Brüsterorter Leuchtturm hinüber, der des Nachts die Schiffe vor diesem gefährlichen Steilufer warnt. Mitten im Land liegt der Galtgarben als höchste Erhebung, ein alter Opferberg der Prussen.

Memel

Im südlichen Samland tut das Frische Haff sich auf mit seinen stillen Schilfbuchten und einer Nehrung, die, wenn auch nicht so ursprünglich wie die Kurische Nehrung, doch Reize genug birgt, besonders im südlichen Teil, wo Narmeln und Kahlberg die Badegäste aus Danzig und Elbing anlocken und die Fischer statt des kurischen Weißen den aus Wacholderbeeren gewonnenen Machandel zum Rauchaal in die ewig durstigen Kehlen rinnen lassen.
Pillau, in Lage und Stadtplanung an Memel oder Swinemünde erinnernd, ist die Geburtsstätte der ersten Flotte unter dem Großen Kurfürsten und zugleich der Vorhafen Königsbergs, das sich durch den Seekanal mitten durch das Haff einen Zufahrtsweg für große Seeschiffe geschaffen hat.
Die beiden Attraktionen der Provinz sind der Elch und der Bernstein. Das uralte Wild fand in Ostpreußen auf der Kurischen Nehrung und in den Mooren des Memelstromgebietes noch eine ihm gemäße Heimat. Es nährt sich von Laub und Baumrinde, und wenn es mit seinen mächtigen Schaufeln und dem uralten Gesicht aus den Erlenbüschen einmal heraustritt, ist das für jeden ein atemberaubender Anblick. Weil der Elch so selten ist, geistern viele Geschichten und manche falschen Vorstellungen um seine Gestalt. Schon Cäsar wußte einiges Falsche von ihm zu berichten. Er greift nicht mit den mächtigen Schaufeln an, wie man vermuten könnte, sondern mit den harten Vorderläufen. Vor dem Krieg lebten etwa 1500 Elche in Ostpreußen, wovon, da er unter Naturschutz stand, bei sorgfältiger Auslese um 200 Stück abgeschossen wurden. Viele Jäger aus fernen Ländern rissen sich um die Erlaubnis eines Abschusses. Schon auf dem Konzil zu Konstanz wurde dem Kaiser von Bewohnern des Memellandes ein Elch, wahrscheinlich ausgestopft, zum Geschenk gemacht, und die mächtigen Schaufeln sind heute noch bei Jägern ein begehrter Wandschmuck. Das Fleisch erinnerte im Geschmack an das Rind, die Decke wurde gegerbt und häufig in Försterhäusern als Teppich benutzt.
Der Stein, den die Frauen lieben, der Bernstein, ging schon in uralten Zeiten von der Samlandküste in die antiken Länder, wo er als Weihrauch in den Tempeln oder als Medizin gebraucht wurde. Besonders wertvoll sind die Steine mit eingeschlossenen Insekten. Man zählt unter diesen Einschlüssen um zweitausend Insektenarten, die wir heute gar nicht oder nur noch in abgewandelten Spielformen kennen. Das größte Stück wurde merkwürdigerweise nicht am Meer, sondern weit im Lande bei Gumbinnen gefunden, es wog 6750 Gramm.
In alter Zeit wurde der Bernstein durch Ablesen des Strandes gewonnen, er gehörte dem Staat. Zur Ordenszeit standen an der Samlandküste sogenannte Bernsteingalgen, wo die überführten Diebe ein klägliches Ende fanden. Später entwickelte sich eine primitive Technik des Bernsteinfischens, wo man mit Netzen an langen Stangen den Meeresgrund absuchte. Dann begann man zu baggern, bis man bei Palmnicken sogar Gänge unter das Meer trieb und den Bernstein bergwerksartig zu gewinnen suchte. Das wurde wieder eingestellt, und man ging an geeigneten Stellen zum Tagebau über. In den Gruben von Palmnicken-Kraxtepellen wurden jährlich 110 Tonnen Bernstein gewonnen und in der Bernsteinmanufaktur Königsberg verarbeitet. Das ostpreußische Gold verwandelte sich meistens in Modeschmuck, wie er zu den verschiedenen Zeiten gerade geliebt wurde.
Im Bernsteinzimmer des Königsberger Schlosses waren nicht nur die Wände aus Bernstein, sondern unzählige Truhen, Kisten und Kästchen, alte Fregatten, Tische und Möbel und allerlei Schmuck. Wenn die Sonne in das Bernsteinzimmer schien, gab es ein Funkeln und Gleißen, daß der Besucher die Augen vor diesem Glanz schließen mußte.

HAUPTSTADT DES LANDES

Königsberg, die Wiege Preußens, die Heimat Kants, die Stadt, in der Yorck seine Ansprache an die Stände hielt. Aus

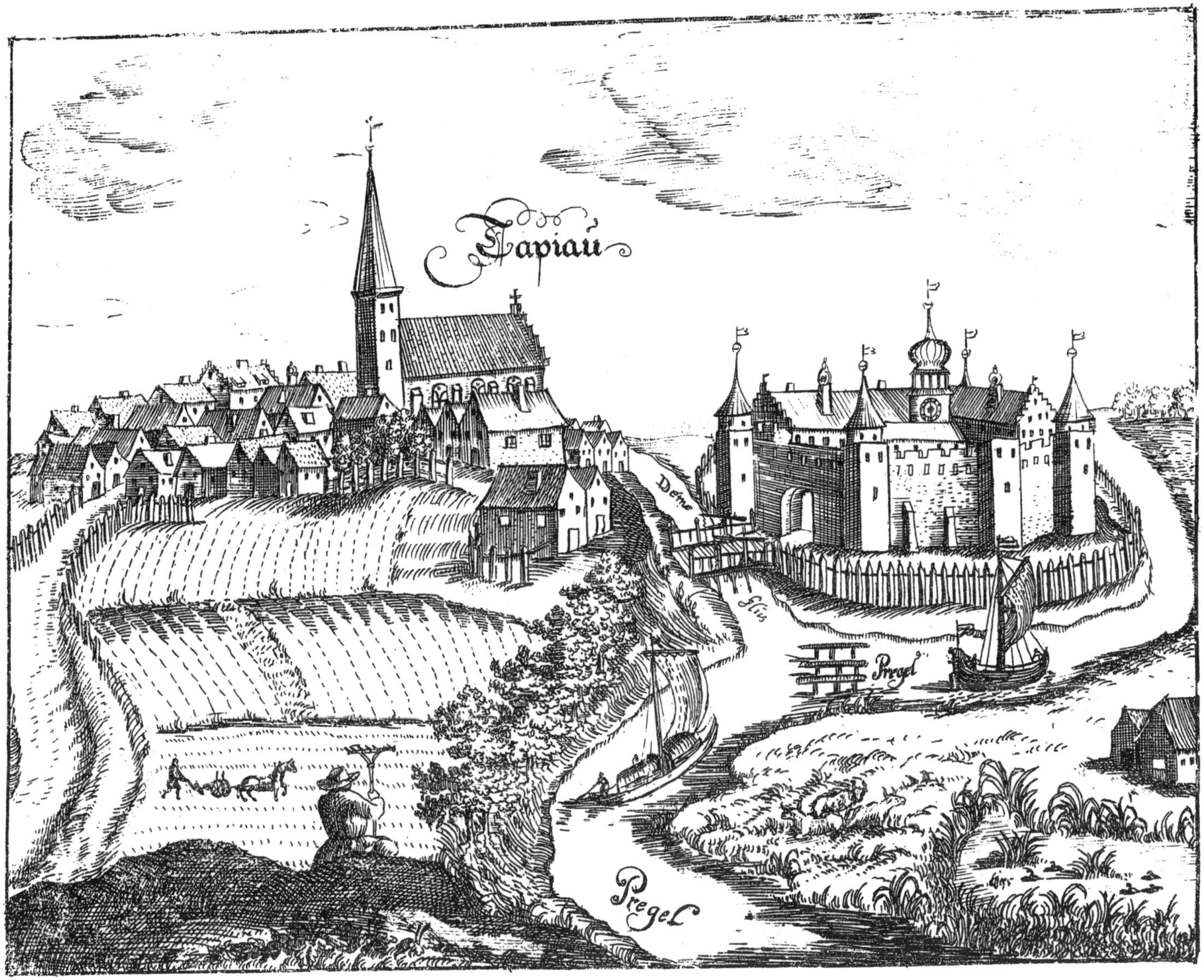

Tapiau

dem kleinen heidnischen Twangste wurde durch Zusammenwachsen der Städte Altstadt, Löbenicht und Kneiphof, nicht ohne starke innere Kämpfe und Differenzen, der Kern der Stadt, um den sich die Vorstädte legten, und in einem noch weiteren Ring, der die mittelalterlichen Festungswälle sprengte, die modernen, parkartigen Wohnviertel wie die Hufen.

Überall stößt man auf das Wirken Albrechts I. Er muß eine faszinierende Persönlichkeit gewesen sein. Er war es, der die Universität gründete, der bedeutende Männer herbeirief, der den Humanismus und die Renaissance hier Boden gewinnen ließ, der die Reformation einführte und den Ordensstaat in ein weltliches Herzogtum umwandelte. Durch die Museen wandernd, stieß man überall auf eine von ihm geförderte ernste Werkkunst, etwa in seiner Silberbibliothek, oder auf vorzügliche Gold- und Schmiedearbeiten aus seiner Zeit, und wenn man das Gesangbuch aufschlug, fand man Lieder von ihm vor, wie »Was mein Gott will, das g'scheh allzeit«.

Auch der Große Kurfürst war eine Schlüsselfigur. Welch ein mächtiges, herrschengewohntes Haupt! Während der Dreißigjährige Krieg Deutschland zerstörte, wuchsen und blühten hier die Künste um Simon Dach und seinen Dichterkreis. Königsberg wurde zur Brücke in der Neuzeit.

Der tatsächlichen Bedeutung konnte auch die Königskrönung von 1701 nur einen gewissen äußeren Glanz hinzufügen. Im Imperatorengewand, ein wenig posenhaft, stand der erste König am Schloß. Die Persönlichkeit, die ihm fehlte, konnte auch die Meisterhand Schlüters nicht zum Ausdruck bringen.

Zwischen den beiden Haffen liegend, vom Ostseewind umfächelt, der über die unendlichen Kornfelder des Samlandes heranweht, vor sich das große Land, so hat die Stadt eine Strahlungskraft entwickelt, die geistig und wirtschaftlich weit über die Grenzen der Provinz wirksam wurde, eine Großstadt und doch nicht eine so große Stadt, daß innere und äußere Kontakte, daß Gespräch und Begegnung unmöglich geworden wären. Vieles verrieten schon die Gesichter der Menschen. Wirklichkeitstreue und ein Hang zum Gegenständlichen mischen sich darin mit einer Tendenz zum Irrationalen. Die Tradition der alten Königs- und Krönungsstadt, die man nicht nur in den Bauten, sondern auch in der dunklen Kleidung und in der würdevollen Haltung der alten Damen zu spüren meinte, ging ohne Übergang in die tägliche Arbeitswelt der See- und Handelsstadt über. Wenn man die Stauer mit ihren blauen Anzügen oder die Seeleute mit ihren aufgekrempelten Ärmeln sah oder im gedämpften Straßenlärm die Sirenen der großen Dampfer vom Außenhafen hörte, konnte man an Hamburg oder Amsterdam denken. Aber es war doch anders, es schwang hier immer etwas von östlicher Weite, von Verantwortung und befehlsgewohnter Sicherheit mit und vor allem von Nüchternheit, Pflichterfüllung und Kargheit. Man lebte nie bis zum Ende der persönlichen oder pekuniären Möglichkeiten, sondern nur bis zu jener Grenze, die vom Charakter und von der Tradition bestimmt wurde. Wenn auch E. T. A. Hoffmann seine Vaterstadt als »das Paradies der Sonderlinge« bezeichnet hat, wobei er wohl an Zacharias Werner, an Hamann, an Kant und, last not least, an sich selber dachte, so hatte doch die Stadt nichts Geniales an sich, eher eine wohltuende Sicherheit und Bürgerlichkeit, die unter Umständen der fruchtbare Urboden aller schöpferischen Überhöhungen sein kann. Ohne Fleck und Marzipan, ohne einen Frühschoppen und eine Skatrunde, ohne einen Sommer an der Samlandküste und die nebligen Spätherbstabende bei einer Flasche Wein im »Blutgericht« war einem echten Königsberger die Welt nur schwer vorstellbar. Die Stadt der reinen Vernunft war sehr vernünftig, aber unter der Oberfläche gärte, wie bei allen Ostpreußen, jene brodelnde, gefühlsüberspülte disharmonische Welt, die wir bei vielen Genialen staunend wahrnehmen.

Der Steindamm und das Schloß waren die uralte Mitte, von der durch den Pregel im Süden und den großen Schloßteich im Osten bestimmende Reize für das Stadtbild ausgingen.

Auf sieben Bergen sollte die Stadt sich über dem Samland erheben, und Agnes Miegel singt:

»In meiner Stadt im Norden stehen sieben Brücken, grau und greis,
An ihre morschen Pfähle treibt dumpf und schütternd jetzt das Eis.«

Es trieb noch mehr um die Pfähle und Brücken, die Atmosphäre von Kampf, Hunger, Not und Untergang, Ruinen ohne Ende und ein fremder Name: Kaliningrad.

* * *

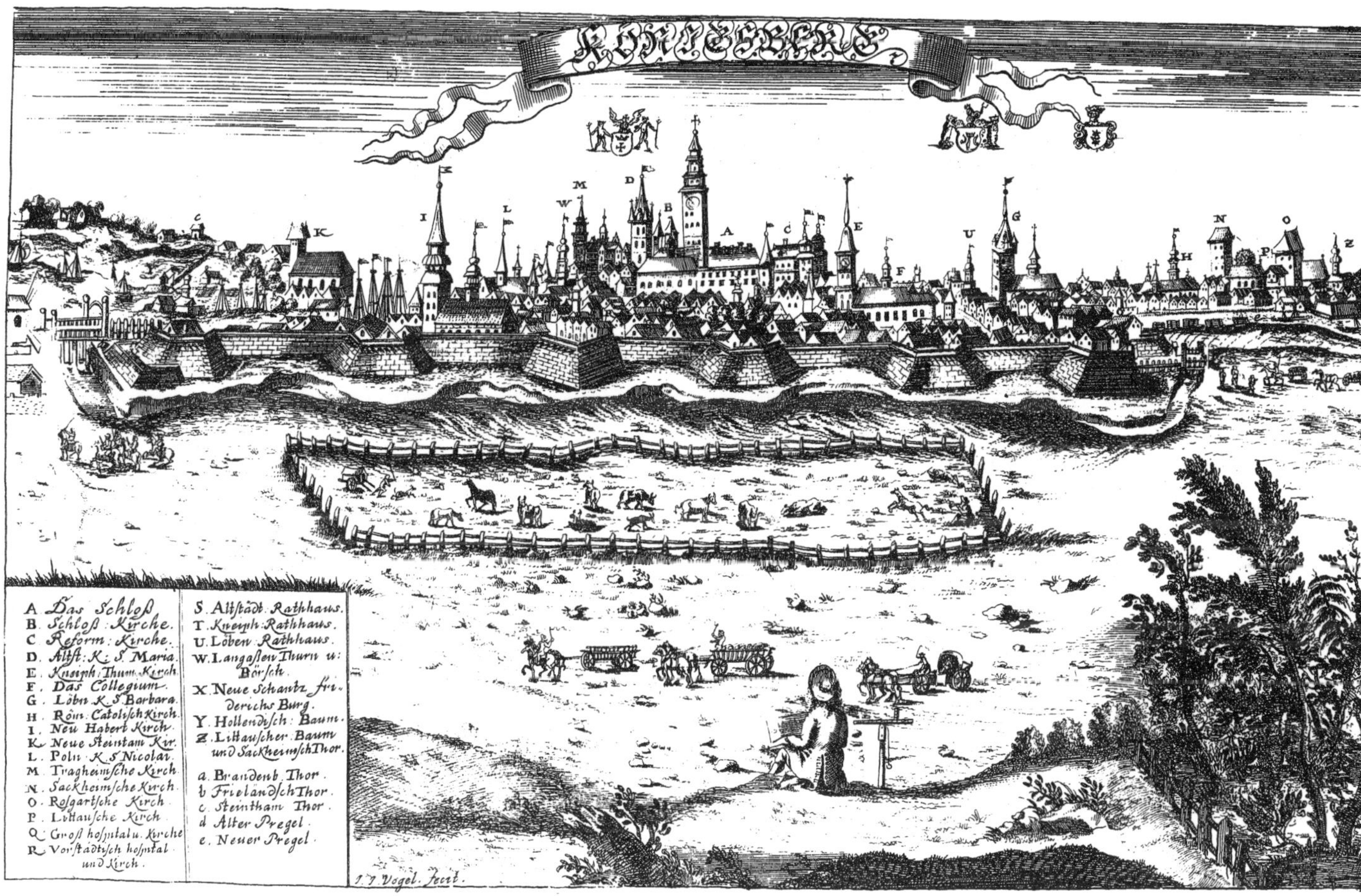

Königsberg

BILDERVERZEICHNIS

BILDNACHWEIS

Arlt: 93, 97, 99, 101–104, 106, 107, 110–117, 119, 120, 126, 127, 133, 134, 140, 141, 162, 201, 203, 205, 208, 212, 220, 227, 229, 236, 240, 242, 244, 246, 252, 255, 256; Fischer, E.: 81; Foto Marburg: 50; Grün: 49, 53, 57, 59, 70, 82, 86–89, 94, 121–123, 131, 132, 135, 146, 148, 149, 151–156, 158–160, 163, 168–170, 174, 178, 184, 185, 194, 257, 264; Hallensleben: 68; Hansa: 166, 171; Herder: 60–65, 67, 69, 71–74, 77–79, 83, 85, 100, 124, 125, 136, 137, 142–144, 147, 157, 164, 165, 167, 172, 173, 176, 181–183, 186, 187, 190, 191, 193, 197–200, 207, 209–211, 213–216, 219, 221–226, 228, 230–233, 237, 238, 243, 247–251, 253, 259–263; John: 96, 105, 128, 145, 161; LM Ostpr.: 66, 188, 189; Löhrich: 52, 54, 56, 58, 80, 90–92, 130, 138, 139, 150, 192, 196, 206, 218, 235, 239, 254; Schöning: 51, 75, 95, 98, 118, 129, 195, 234, 245; Schürer: 180; 180; Verlag: 55, 76, 84, 108, 109, 175, 177, 179, 202, 204, 217, 241, 258.

49 KÖNIGSBERG, die Landeshauptstadt am Pregel, einst Hochmeistersitz des Deutschen Ordens, Krönungsstätte des ersten Königs in Preußen, hat ihren Namen zu Ehren König Ottokars von Böhmen erhalten, der dem Orden bei der Eroberung des Samlands Hilfe leistete. Bis zum Großen Kurfürsten, bis 1618, residierten hier die Landesherren. Die königliche Familie kam 1807 auf der Flucht durch die Stadt. Noch einmal wurde sie im Jahr darauf Hauptstadt des preußischen Staates, als Hof und Regierung sich, aus Memel kommend, hier niederließen. Von Königsberg ging die Erhebung Preußens gegen Napoleon aus. Am 12. Juni 1812 hatte Napoleon im Schloß Wohnung bezogen. Am 5. Februar 1813 rief Yorck von Wartenburg die Vertreter der Stände zur Verteidigung des Vaterlandes auf. Am 18. Oktober 1861 schlug wieder einmal eine große Stunde für die Stadt, als Wilhelm I. sich im Schloß die preußische Königskrone aufs Haupt setzte. Im Zweiten Weltkrieg wurde die Stadt von englischen Bombern zerstört und von den Russen dem Erdboden gleichgemacht.

50 Anstelle eines unscheinbaren Gotteshauses begann das Samländische Domkapitel, das seit 1322 seinen Sitz auf der Königsberger Kneiphofinsel zum geistlichen Bezirk erhoben hatte, auf dem schwankenden Boden der Ostseite mit dem Bau des DOMS, der zugleich Pfarrkirche des Kneiphofs sein sollte. Ursprünglich als Basilika geplant, wandelte Hochmeister Winrich von Kniprode den Bauplan zu einer dreischiffigen Hallenkirche um, die 1382 vollendet wurde. In der Turmhalle des Obergeschosses stand die berühmte Wallenrodtsche Bibliothek aus dem Jahr 1650. An der Nordseite wurde 1881 die Grabkapelle Immanuel Kants errichtet. Vor Raffaels »Schule von Athen« stand die Marmorbüste des Philosophen, darunter aus der Kritik der Praktischen Vernunft: »Zwei Dinge erfüllen das Gemüt mit immer neuer und zunehmender Bewunderung, je öfter und anhaltender sich das Denken damit beschäftigt: der gestirnte Himmel über mir und das moralische Gesetz in mir.« Der Dom besaß einen Hochaltar aus dem 15. Jahrhundert und eine Madonna von Lucas Cranach dem Älteren.

51 Nachdem Herzog Albrecht den Deutschordensstaat in ein Herzogtum Preußen umgewandelt hatte, das auf Betreiben Luthers dessen Lehre als »Staatsreligion« annahm, gab es in der Stadt Königsberg bis zum Beginn des 17. Jahrhunderts keine katholische Kirche. Doch der Bedarf zeigte sich bald, und so wurde auf einem 1614 in der ermländischen Bischofsresidenz Heilsberg geweihten Grundstein auf dem kurfürstlichen Anger vor der Stadt Löbenich die erste katholische Kirche Königsbergs erbaut. Bei einem Gewitter 1764 vom Blitz getroffen, brannte sie völlig nieder. An ihrer Stelle erbaute der Kriegsrat und Provinzialbaudirektor Johann Samuel Lilienthal von 1765 bis 1777 die Johannes dem Täufer geweihte PROPSTEIKIRCHE auf dem Sackheim im Stil des preußischen Rokoko mit einem hölzernen Kreuzgewölbe und einer klassizistischen Ausstattung. Um sie vor dem Schicksal ihrer Vorgängerin zu schützen, brachte die Gemeinde den Spruch an: »Erhalt sie immerdar, und wend' davon so Feur als Kriegsgefahr«. Vom Feuer blieb sie verschont, nicht vor der Kriegsfurie.

52 Die alte Königsberger UNIVERSITÄT, deren Stiftungsurkunde auf den 20. Juli 1544 ausgestellt ist, wurde am 17. August 1544 unter dem Rektor Georg Sabinus mit zehn ordentlichen Professoren und 318 Studenten eröffnet. 1569 ließ Herzog Albrecht Friedrich am Nordufer der Dominsel das Neue Albertinum hinzubauen. Der steinerne »Albertus« war das Wahrzeichen der Universität. Immanuel Kant, gestorben am 12. Februar 1804, ist im Professorengewölbe beigesetzt. Der Dom, die Alte Universität und die Stoa Kantiana bildeten eine Dreiheit um den Domhof auf der Pregelinsel.

53 Im Pregelwasser spiegelt sich die Ruine der ALTEN Königsberger UNIVERSITÄT. Über den ausgebrannten Mauern erhebt sich der stumpfgewordene Turm des Domes, den Agnes Miegel einst besungen hat: »Ich, der Dom zu Königsberg, der greise Ordensmann. Ludger von Braunschweig mich zum Deutschherrn schlug, als Ludwig von Bayern des Reiches Krone trug. Fährmann des höchsten Herrn, lieg ich im Pregelsumpf, Wehrgang und Halle wuchten auf moorgeborgenem Eichenstumpf, demütige Beter, sanken zum Grund Mauern und Bogentor.« Kants Grab blieb.

54 Friedrich Wilhelm IV. legte 1844 am Paradeplatz in Königsberg den Grundstein zur NEUEN ALBERTINA. Mit dem Bau konnte man erst 1856 beginnen; 1861 weihte Kronprinz Friedrich Wilhelm ihn ein. Den Antrag, auch Frauen zum Studium zuzulassen, lehnte das preußische Kultusministerium 1871 ab; 1908 erhielt die erste Frau ihre Matrikel. 1924 kam es zur Gründung der »Königsberger Gelehrten Gesellschaft«. 400 Jahre nach Gründung der Alten Universität zerstörten 1944 britische Bomber die Neue; nach Greifswald verlegt, lebt sie in Göttingen fort.

55 Ein ostpreußischer ABITURIENT mit der schmucken roten Abiturientenmütze und den goldenen Alberten an der Mütze, auf dem Schlipsknoten und auf den Rockaufschlägen. Es war eine »große Stunde«, wenn das Ergebnis der Abiturprüfung vorlag und verkündet wurde. Vor den Gymnasien und Lyzeen warteten die Eltern und Verwandten, um dem frischgebackenen »cives academicus« die Alberte anzustecken, das Bild Herzog Albrechts, des Gründers der Königsberger Universität, aus purem Gold, aus Silber oder blechgestanzt und vergoldet. An der Zahl der Alberten, die der Abiturient vierzehn Tage lang trug, war der »Umfang« seiner Verwandtschaft und Bekanntschaft abzulesen: Keiner ließ es sich nehmen, mit einer Alberte zu gratulieren. Die Schar der Abiturienten zog am Abiturabend »ordensgeschmückt« durch die Straßen der Stadt, vom Hause eines Lehrers zu dem des nächsten. In Sprechchören wurde gedankt, zuweilen auch eine kritische Bemerkung gemacht. Ein festlicher Umzug endete mit einer Verbrennung der auf einen Degen gespießten Primanermützen.

56 Nach dem Edikt von Potsdam ließen sich 350 Hugenotten im Jahr 1685 in Königsberg nieder, vor allem in der Burggasse, einem Damm mit Fußsteig. Von 1733 bis 1736 erbauten sie die Französische Reformierte Kirche in der Königstraße. Bald gehörten sie zu der Oberschicht in der Stadt. Die Straße, in der sie wohnten, nannte der Volksmund später die FRANZÖSISCHE STRASSE, bis dieser Name 1811 auch offizielle Anerkennung und Eintragung fand. Im Haus Nr. 25 wurde 1776 der Dichter E. T. A. Hoffmann geboren. Ein ovales Relief zeigte sein Bildnis im Medaillon.

57 Schwer getroffen wurde in den BOMBENNÄCHTEN des Jahres 1944 auch die Französische Straße in Königsberg, die einst als Zeichen des Wohlstandes und des Geschäftsgeistes der Stadt ihren Namen in Ehren trug. Das Geburtshaus des Dichters E. T. A. Hoffmann fiel einer englischen Bombe zum Opfer. Während in Städten wie Köln und Dresden weit schwerer getroffene Straßen im alten Glanze neu entstanden, hat es in Königsberg keinen Aufbauwillen gegeben: Die Königsberger waren fort, die neuen Herren zeigten wenig oder kein Interesse. Nur Friedrich Schiller hat »überlebt«.

58 Holztransporte auf dem PREGEL gehören zum typischen Hafenbild der Stadt Königsberg. Das Holz der masurischen Wälder sollte schon früh auf dem – nie fertiggewordenen – Masurischen Kanal zur Ostsee geflößt oder transportiert werden. Holz war seit der Ordenszeit »Exportartikel« des Landes: Es gab davon in Hülle und Fülle. Man wußte es selbst zu verarbeiten, bis zum Bau der Holzkirchen und hölzernen Kirchtürme hin. Es wurde auch zum begehrten Tauschartikel und später zur Handelsware. Holz aus dem »Land der dunklen Wälder« war begehrt und hochgeschätzt.

59 Die Speicher am Königsberger HUNDEGATT legen Zeugnis ab von der einstigen wie heutigen Bedeutung dieser Stadt für den Handel und die Schiffahrt. Typisch sind die aus den Giebeln springenden Lastzüge, die für rasche Löschung und Ladung der Schiffe sorgen. Diese Speicher hatten Namen: »Hengst«, »Bulle«, »Walfisch«; auf Speichermarken oft kunstlerisch dargestellt, um den schreib- und leseunkundigen Seemann zu orientieren. Eine Reihe von Speichern sind in Königsberg erhalten geblieben. Der Hafen hat seine einstige Bedeutung auch nach dem Zweiten Weltkrieg behalten.

60 Unter dem alten Königsberger Ordensschloß befand sich seit 1799 das »Blutgericht« mit großen Weinkellern und gemütlichen Räumen. Fünf originelle reichgeschnitzte Fässer schmückten die »Große Halle«; Segelschiffsmodelle hingen von der Decke herab. Im 17. Jahrhundert hatte das Hof- und Halsgericht seinen Sitz über den Folterkammern von 1498. Hier tagten die »12 Blutrichter«. Die Salzburger Weinhändlerfamilie Schindelmeißer stellte 120 Jahre lang den Wirt für die historische Weinstube, die 1945 zusammen mit dem Ordensschloß der russischen Spitzhacke zum Opfer fiel.

61 Die Grundsteinlegung zum Königsberger STADTTHEATER (Opernhaus) fand 1806 statt, die Eröffnung mit der Oper »Titus« am 9. März 1808. Vier Monate später brannte das Theater ab, wurde 1809 in Gegenwart des Königspaares neu eröffnet. Hier fanden 1831 die Uraufführung von Eichendorffs »Der letzte Held der Marienburg« und 1858 von Ernst Wicherts »General York« statt. 1893 Umbau und Anlage des Foyers, 1922 – unter Joseph Geißel – Umbenennung in »Opernhaus«, und 1924 Zusammenschluß mit dem Schauspielhaus zum Ostpreußischen Landestheater.

62 Bis ins 15. Jahrhundert hinein bedienten sich die beichthörenden Geistlichen einfacher Kirchenstühle, einsitzig mit hölzerner Armlehne und den üblichen Schmuckelementen. 1512 erwähnt die Synode von Sevilla erstmals einen Beichtstuhl, vor dem der Pönitent kniete. Aus diesem einfachen, offenen Stuhl entwickelte sich nach dem Tridentinum von 1551, welches das »Ego te absolvo« zur Formel des Sakraments erhob, angeregt und gestaltet von Carl Borromäus, der Beichtstuhl mit Fensterchen und Gitter. Seit 1215 war die jährliche Beichte Kirchengebot. Der Kastensitz des 15. Jahrhunderts mit der Aufschrift DER ·BUS·STUL, wahrscheinlich aus einer natangischen Kirche stammend, hat im Mailänder Stundenbuch von 1416 wie auch auf einem Bild Roger von der Weydens sein Vorbild. Er wurde von den Siedlern, die »naar Oostland« kamen, mitgebracht. Die ersten Beichtstühle – in Frauenburg, Rößel, Krossen – stammen aus vorgotischer Zeit. Im 17. Jahrhundert flankierten Beichtstühle den Altar in Friedland, zwei Stühle standen in der Kirche von Bladiau bei Heiligenbeil.

63 Während der ersten Hochblüte der Baukunst des Deutschen Ordens wurde um die Mitte des 14. Jahrhunderts die Pfarrkirche von Arnau oberhalb Königsberg auf einem steil zum Pregel abfallenden Hügel errichtet. Getrennt durch eine tiefe Schlucht, war auf einem zweiten Hügel bereits 1322 das Castrum Arnow erbaut worden. Die Kirche, der heiligen Katharina geweiht, war Pfarr- und zugleich Wallfahrtskirche, eine der schönsten Dorfkirchen der Ordenszeit. Ein Pfarrer Petrus, Pleban von Arnow, wird 1320 bereits erwähnt, wohl ihr Erbauer. 1349 bis 1636 gehörte sie zu einem Nonnenkloster, das später als Großes Hospital in Löbenich fortgesetzt wurde. Unter den hohen Sterngewölben befand sich ein durchweg bunt ausgemaltes Kirchenschiff, in dem die einzelnen Geheimnisse »des apostolischen Symbolums« dargestellt waren: der Heiland, nägeldurchbohrt am Kreuz, in der Vorhölle, mit Siegesfahne, das Grab verlassend, seine Auferstehung. In eine solche Kirche paßte der KRUZIFIXUS aus Holz, 73 cm hoch, vom Anfang des 15. Jahrhunderts.

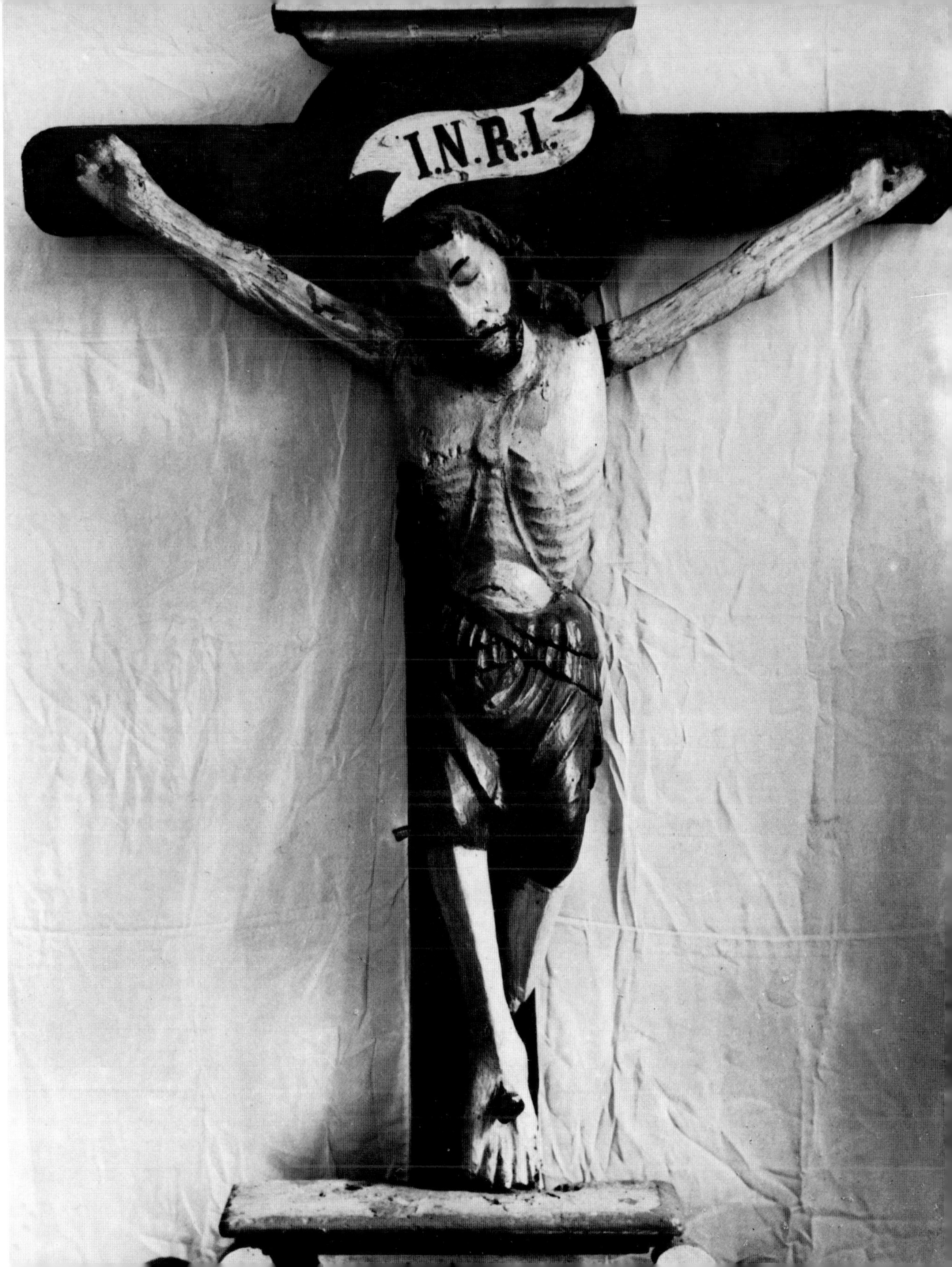

64 MÜHLHAUSEN zählt zu den ältesten Dörfern Natangens; die um 1305 erbaute Kirche gilt als die älteste Landkirche Ostpreußens. 1414 wird der Ort als »kleines Städtchen« erwähnt. 1492 ist die Kirche stark in Verfall geraten, so daß der Lothringer Daniel von Kunheim eigens nach Rom reiste und einen Ablaß zum Wiederaufbau erwirkte. 1560 war Kaspar Henneberger, der als Karthograph Preußens bekannt wurde, in Mühlhausen Pfarrer. Im Gewölbe vor dem Altar liegen Margarethe, die jüngste Tochter Martin Luthers, ihr Ehegemahl und sechs von ihren neun Kindern begraben.

65 Das »Adlige Vorwerk und Dorf« ADLIG NEUENDORF lag sechs Kilometer südöstlich Königsberg am linken Pregelufer; es reichte bis zum alten Pregel. Das Patronat über die Pfarrkirche, die aus der Ordenszeit stammte, hatte der Magistrat von Königsberg. Ursprünglich war sie eine Hauptkirche und hatte Steinbeck zur Tochterkirche. Nach der Reformation, 1525, wurde Steinbeck Hauptkirche. Die Neuendorfer Kirche hat ein Langhaus mit spitzbogigen Fenstern und einer Holzdecke. Im Chor befindet sich rechts eine Nische mit zwei Türangeln. Von hier soll ein unterirdischer Gang zu einem ehemaligen Kloster geführt haben. Der Altar ist ganz aus Holz gefertigt und vereint Elemente der gotischen und Barockzeit. Gotisch sind der Christus über der Altarkrönung wie auch die Muttergottes mit Kind zwischen zwei gotischen Fialen. Aus der Barockzeit stammt die Fülle der übrigen buntbemalten Holzfiguren: Originell, ohne hohen künstlerischen Wert, ist neben der »Beschneidung«, »Taufe«, »Anbetung der Weisen« die Gruppe »Christus als Kind im Tempel lehrend« mit Maria und dem nachdenklichen Josef.

66 Am Ausfluß der Deime aus dem Pregel liegt die Stadt TAPIAU, benannt nach dem Gebiet Tapiom, das König Ottokar von Böhmen um 1255 mit seinen Kreuzfahrern durchzogen und unterworfen hatte. Die Burg war Sommersitz des letzten Ordenshochmeisters, der in ihr am 20. März 1568 starb. In Tapiau wurden zwei bedeutende ostpreußische Maler geboren: 1858 Lovis Corinth, der neben Liebermann zu den Vertretern des Impressionismus zählt und der Pfarrkirche 1910 das Altarbild »Golgatha« geschenkt hat, und 1892 Ernst Mollenhauer, der Maler der Kurischen Nehrung.

67 Die ältesten Glocken entstanden im Osten selbst oder wurden aus den Niederlanden mitgebracht. Vom Ende des 13. Jahrhunderts stammte die älteste, die in der Altstadtkirche in Königsberg hing. Fischhausen und Bartenstein besaßen Glocken aus der ersten Hälfte des 14. Jahrhunderts. Eine Glocke bestand aus der Krone – den Aufhängbügeln –, dem Hals, dem Mantel und dem Schlag. Edelster Schmuck der Glocken war ihre Beschriftung, anfangs in gotischen Großbuchstaben, dann in großen und kleinen und schließlich wieder in Großbuchstaben. Kurz nach 1352 goß man die erste westpreußische Glocke für Tiegenhagen. Von 1398 bis 1415 gab es im Haus Marienburg einen Glokkengießer »Mester Peter«. Die Medenauer Glocke von 1521, ähnlich der von GROSS BELLSCHWITZ, kam von Herman Benningk aus Danzig. Friese mit Früchten und tanzenden Kindern zeigt die Glocke von Bärwalde aus dem Jahr 1590. Die Renaissance kündet sich an. Die bedeutendste Glockengießerei war die Dorlingsche in Königsberg, sie goß zwei Glocken für St. Katharina in Braunsberg und eine für den Königsberger Dom.

68 In der späteren Kreisstadt WEHLAU, 1336 nach kulmischem Recht an der Mündung der Alle in den Pregel gegründet, kam es am 29. September 1657 zum Abschluß des Wehlauer Vertrages, der Preußen aus der polnischen Lehnsherrschaft entließ. Die Stadt, 1679 von den Schweden, 1757 von den Russen, 1807 von den Franzosen besetzt, mehrfach geplündert, unterhielt schon früh einen blühenden Pferdemarkt, der sich zum größten Europas entwickelte. Jährlich verkaufte man hier bis zu 20000 Pferde. Der Begründer der Kaltblutzucht, Dietrich Born, wurde 1869 hier geboren.

69 Neben der Mündung der Deime ins Kurische Haff lag an der Bahnstrecke Königsberg – Tilsit, die der »Rasende Litauer« befuhr, das um die Wende vom 13. zum 14. Jahrhundert als Lischke (Handwerkersiedlung im Schatten eines Ordenshauses) gegründete, 1395 erstmals als »die Krezmer vor dem Hause zu Labiow und die Gemeinde der Leute daselbst« erwähnte LABIAU, das Ende des 15. Jahrhunderts vom Hochmeister Michael Küchmeister »neun Krüge und das Fischereirecht« verliehen erhielt. 1642 »fundierte« der Große Kurfürst den »Ackerbau-Flecken« zur Stadt.

70 Das »Wassertor« in FRIEDLAND ist nichts anderes als eine Steinstiege zwischen zwei Häuserwänden, auf der die Frauen auf- und abstiegen, um Wasser zu holen. Ehe es eine Wasserleitung gab – oder noch immer nicht gibt –, blieb ihnen nichts anderes übrig, als die nächste Wasserstelle, ein Flußufer, einen Brunnen aufzusuchen und so ihren Bedarf in Haus, Küche, Hof und besonders zur Großwäsche an den Waschtagen zu decken. Das Wasser hat es diesen Menschen angetan; es stand im Mittelpunkt der schwersten Arbeit, die die Frau verrichtete. Wasser schleppen erforderte Kraft, der Umgang mit dem Wasser noch mehr. Es gab keine Waschmaschine, die Wäsche mußte über dem Rubbelbrett gesäubert werden. Die nasse Wäsche wurde danach zur Wiese geschleppt, Bleichen und Trocknen besorgte zwar die Sonne, doch mußte die Bleichwäsche, wenn sie zu schnell trocknete, immer wieder mit Wasser übergossen werden, um «schön weiß« zu werden. Auch das Vieh brauchte viel Wasser; nicht immer lag der Bauernhof in der Nähe eines der Seen.

71 1325 gab es am Omet, einem Nebenflüßchen der Alle, die Burg GERDAUEN, um die sich Handwerker zu einer Lischke sammelten, der Hochmeister Konrad von Jungingen 1398 das Stadtrecht verlieh. 1455 erhielt der Söldnerführer des Ordens, Schlieben, Burg und Stadt. 1469 ließ er ein neues Schloß erbauen. 1708 verlieh König Friedrich I. der Stadt Gerdauen einen vierten Jahrmarkt. Schloß und Stadt blieben bis 1831 in Schliebenschem Besitz. Die Russen zerstörten die Stadt im Ersten Weltkrieg; sie zerstörten sie völlig im Zweiten Weltkrieg, diesmal kam es leider zu keinem Wiederaufbau.

72 Wo die Guber in die Alle mündet, entstand vor 1300 die Stadt SCHIPPENBEIL, die 1351 von Hochmeister Heinrich Dusemer die Handfeste nach kulmischem Recht erhielt. 1319 wurde die dortige Prussenburg von einem Ordenshaus abgelöst. Ab 1402 taucht der Name Schippenpil auf, später Schippenbeil, 1485 erstmals als »oppidum« bezeichnet. Eine Stadtmauer gab es schon 1372, sie wurde später abgetragen. An sie lehnte sich die Basilika aus der zweiten Hälfte des 14. Jahrhunderts. 1469 entstand das St.-Georgs-Hospital. Die Stadt litt schwer unter der Pest 1709/10; 1806 abgebrannt.

73 BARTENSTEIN an der Alle, eine Marktsiedlung im Schutze einer Burg, erhielt unter dem Namen Rosental 1332 von Hochmeister Luther von Braunschweig die Handfeste zu kulmischem Recht. Die vom Orden auf dem linken Alleufer erbaute Burg fiel 1454 dem Städtekrieg zum Opfer. Die Pfarrkirche, spätgotisch, 1322 erbaut, war eine dreischiffige Basilika mit wuchtigem Turm von 1500 und hohem Dach über Steingewölben. Von den drei Toren der Stadtbefestigung blieb nur das Heilsberger Tor erhalten. Im Jahr 1407 residierte in der Burg der Hochmeister Ulrich von Jungingen.

74 Mitten im Stablack liegt das 1335 vom Komtur von Balga, Heinrich de Muro, gegründete Gemeinwesen Landstraß oder LANDSBERG, 1482 vom Orden dem Söldnerführer Nikolaus von Taubenheim verliehen, in der ersten Hälfte des 16. Jahrhunderts zum «Flecken» herabgesunken und für 275 Jahre in die Lehnsherrschaft der Familie Truchseß von Waldburg gekommen. Bei dem großen Brand von 1655 blieben nur die Vorstadt und die Scheunen übrig. Bald darauf wütete die Pest. 1807 plünderten Russen den wiederaufgebauten Ort, der 1819 zum Kreis Preußisch Eylau kam.

75 Der Markt von ZINTEN mit dem schmucken Rathaus und der einmündenden Geschäftsstraße bietet das typische Bild einer ostpreußischen Kleinstadt. 1313 gründete der Komtur von Balga Sinthen, dessen Handfeste Winrich von Kniprode vier Jahrzehnte später erneuerte, und zwar nach kulmischem Recht. Seit der Reformation galt Zinten als »Ausland«. In der Stadt hielten sich Nichtkatholiken auf, die nach bischöflichem Gebot nicht länger als ein Jahr im Ermland verweilen durften, um nach Beginn des neuen Jahres wieder, für ein Jahr, ins Fürstbistum zurückzukehren.

76 An der Jarft, nahe der Ostküste des Frischen Haffes, liegt die Kreisstadt HEILIGENBEIL, errichtet an der Stelle einer Prussenfeste Swentomest – heilige Stätte –, 1272 von den Grafen von Regenstein erobert und vernichtet. 1301 erhielt die Stadt vom Deutschen Orden ihre Gerechtsame nach kulmischem Recht. Eine Urkunde erwähnt im Jahr 1330 die Neue Hylgenstat; auf dem ältesten Stadtsiegel erscheint sie als Sancta civitas. Im 17. Jahrhundert wüteten Pest und mehrere Großbrände. 1679 war der Große Kurfürst Gast, als er zum Winterfeldzug gegen die Schweden aufbrach.

77 BLADIAU, Kreis Heiligenbeil, liegt an der vormals von Königsberg nach Berlin führenden Landstraße. Die Pfarrkirche, bis 1528 Braunsberg unterstellt, kam nach der Reformation ans Samland. Dorf und Kirche stammen aus frühester Ordenszeit, sind jedoch erstmals 1399 erwähnt. Das Langhaus der Kirche erhebt sich über Feldsteinen, der Chor ist ein Ziegelbau, wie auch der später angebaute Turm. Ein Kruzifix aus dem 14. Jahrhundert mit Maria und Johannes aus dem 16. Jahrhundert hat einen grün gestrichenen Kreuzesstamm; er soll aus einem Baum vom Grab Adams geschnitzt sein.

78 Die Pfarrkirche von WALTERSDORF im Kreis Heiligenbeil stammt aus dem 14. Jahrhundert und zählt zu den »hervorragenden Meisterwerken«. Sie ist dem heiligen Bartholomäus geweiht. Unter dem Triumphbogen steht auf einem mittelalterlichen Triumphbalken ein lebensgroßer Kruzifixus aus Holz, wahrscheinlich eine Nürnberger Arbeit. Auch der Flügelaltar, zu dem die drei Apostel gehören, ist eine Holzschnitzarbeit. Die 53 cm großen Figuren schuf um 1400 der Meister der Pietà von Osterode. Ebenfalls ein Meisterwerk ist die holzgeschnitzte Kanzel.

79 Am Ausgang des Frischen Haffes in die Ostsee liegt die Seestadt PILLAU, 1430 erstmals urkundlich erwähnt, in der zweiten Hälfte des 14. Jahrhunderts als Umschlagplatz für den Fischhandel bekannt. Als Fischerdorf Wogram erhielt Pillau 1413 die Handfeste. Als das Pillauer Seetief 1510 schiffbar wurde, brauchte man eine Schanze für dessen Schutz. Bedeutung errang der Ort, als 1626 Gustav Adolf eine kleine Festung erbaute, die der Große Kurfürst später zur Zitadelle erweitern ließ. 1725 erhielt Pillau sein Stadtprivileg, 1822 eine Marine-Fach- und auch eine Seefahrtschule.

80 Im Pillauer Hafen legten die weißen Schiffe des SEEDIENSTES OSTPREUSSEN an, die Besucher in die Provinz brachten. Zubringerzüge aus Königsberg erwarteten sie bereits. Pillau, das Tor zum Königsberger Hafen, mit diesem durch den Seekanal verbunden, durch den ein Lotse die Schiffe steuerte, war auch der Tummelplatz der Tolkemiter Lommen. Bei der Flucht der ostpreußischen Bevölkerung 1945 erreichten 96 Transporte aus dem Pillauer Hafen die offene See; bis Ende April wurden insgesamt 650 000 Flüchtlinge allein auf dem Seeweg aus Ostpreußen herausgebracht.

81 Ein typischer Bauernhof in GROSS DIRSCHKEIM an der Westküste des Samlands, wo Wilhelm von Humboldt im Oktober 1809 seinen berühmten Brief an Karoline von Humboldt schrieb: »Ich blieb eine Nacht gerade in der Ecke der Küste in Dirschkeim, wo auf einer Art Vorgebirge eine Leuchte für die Seefahrer ist, um die Klippen zu vermeiden... Ich ging noch die Nacht allein an den Meeresstrand... Ich habe bis nach Mitternacht dagestanden... Ich werde die Nacht nie vergessen, sie ist das Größte und Schönste, das ich seit meiner Abreise aus Italien erlebt habe.« 640 Einwohner.

82 Das SAMLAND, 1255 von König Ottokar von Böhmen und dessen Kreuzfahrerheer für den Orden unterworfen, war ein fünfzig bis sechzig Meter hoch gelegenes fruchtbares Ackerland, auf dem Weizen, Roggen und Kartoffeln gediehen. Im Norden lag die schluchtendurchzogene Steilküste, entlang führte ein Dünenweg von Fischerdorf zu Fischerort, die teils zugleich Badeorte waren. Die Westküste trug den Namen »Bernsteinküste«, hier gewann man durch Bernsteinfischerei oder im Bergbau in Palmnicken das »gelbe Gold der Ostsee«, das seit alters Kaufleute aus weiter Ferne anlockte.

83 Einmal stand das BERNSTEINFISCHEN unter Gebot, ein andermal unter schwerer Strafe. An der Westküste des Samlands sah man sie, die Bernsteinfischer mit den kescherartigen Netzen an langen Stangen. Sie fischten die Bernsteinbrocken aus der stürmischen See, um sie vor einem »Versaken« zu »retten«. Einst war dieses Fischen ein Beruf, später eine lohnende Nebenbeschäftigung. Selbst heute scheint es sich noch zu lohnen, denn wieder wird von Bernsteinfischern berichtet, die »am westlichen Samlandstrand bei jedem Wind und Wetter unermüdlich ihrer so harten Arbeit nachgehen«.

84 Seit dem 20. Mai 1874 arbeitete das BERNSTEIN-BERGWERK in Palmnicken an der Samlandküste. Bis 1896 hatte man die Grube ausgebeutet. So kam es noch im selben Jahr zur Anlage einer neuen, der Grube Anna bei Kraxtepellen. Der Bagger förderte die blaue Erde an den Tag; Frauen siebten den Bernstein aus. 1913 begann der Tagebau östlich Kraxtepellen. 700 Menschen arbeiteten bei der Bernsteingewinnung: Im Jahr waren es 600 t Rohbernstein. Dazu kommt der Ertrag der Bernsteinfischer an der Küste und auf der Kurischen Nehrung. Heute 90 v. H. des Weltaufkommens.

85 Wandert man die SAMLAND-NORDKÜSTE entlang von Neukuren über Rauschen, Georgenswalde, Warnicken, Groß Kuren, Klein Kuren bis zur »Spitze« hin, nach Brüsterort, so kann man feststellen, daß der »schöne weiße Sand«, von Muscheln und Bernsteinbröckchen übersät, gegen Ende der Wanderung in ein Stein- und Geröllmeer übergeht. Hier hat die Ostsee an stürmischen Tagen große Steine angeschwemmt, hier hat man einst die Steine für Häuserfundamente und für die Hügelgräber gefunden, deren eines sich in Georgenswalde befindet. Im Samland selbst sind Steine rar.

86 In Scharen ziehen die Menschen im Sommer zur Ostsee. Wer hat die See so dicht bei der Tür wie die Ostpreußen? Der längste Anmarschweg aus dem Süden beträgt ganze 150 km. Ein breiter Strand, bedeckt von einem feinen Sand mit weißen Muscheln, funkelt in der Sonne, darin wie gelbe Blütentupfer die kleinen Bernsteinstückchen, die man an allen Küsten vorfindet. Hügelig ansteigende Ufer schützen vor Wind und Wetter. Am STRAND können die Kinder Sandburgen bauen. Die Ostsee kennt nicht Ebbe und Flut, ihr Wasser hat nur sehr geringen Salzgehalt. Im Gegensatz zur Nordsee atmet sie Ruhe und Frieden. Es gibt keine Sturmfluten und Überschwemmungen, keine Deichbrüche und ähnliche Naturkatastrophen. Nur neuen Sand, neue Muscheln, neue Bernsteinbröckchen schwemmen die Wogen alltäglich an den Strand. Ist der Wettergott gnädig, kann man hier die ruhigsten und schönsten Ferien verbringen. Heute ist es wie einst, nur die Menschen, die die Küsten besuchen, sind andere. Während die Badeorte am Frischen Haff jedem offen stehen, sind die am Kurischen Bevorzugten vorbehalten.

87 Der geröllfreie Strand von RAUSCHEN mit Wald, See, Berg und Tal im unmittelbaren Hintergrund ließ das – neben Cranz – begehrteste Seebad an der Samlandküste erstehen. In Altrauschen lag der Mühlenteich mit den alten Linden und einer klappernden Mühle. Begehrt waren die Spaziergänge auf dem Lindenkorso. Neurauschen war ein Villenviertel auf der Düne mit einem genauso begehrten Dünenkorso. Ernst Wiechert und Hermann Sudermann haben hier oft die Ferien verbracht. Gregorovius hat das Lob des Fleckens gesungen: »Ich sehe weder im schönen Thüringen noch im Harz eine so schäferisch romantische Gegend.« Vom fünfzig Meter hohen Aussichtsturm hatte man einen Überblick über das ganze Samland und seine Nordküste. Im Zauberwald stand eine Kirche. Unten, am Strand, zu dem man auf einem Serpentinenweg hinabsteigen oder mit einer Drahtseilbahn hinabfahren konnte, warteten die Strandkörbe. Hier konnte man in der Sonne »braten«, Muscheln und Bernstein sammeln oder ein kühles Bad in der Ostseee nehmen. In Georgenswalde konnte man auf der »Himmelsleiter« zur See hinabsteigen.

88 Überall erklangen HEIMATLIEDER, sei es bei Wanderungen über Land, bei einer Schiffspartie. Einer griff zur Ziehharmonika. Alle Lieder traten zurück hinter dem »Alten Ostpreußenlied« der Johanna Ambrosius:

Sie sagen all', du bist nicht schön, / mein trautes Heimatland, / du trägst nicht stolze Bergeshöh'n, / nicht rebengrün' Gewand, / in deinen Lüften rauscht kein Aar, / es grüßt kein Palmenbaum: / Doch glänzt der Vorzeit Träne klar / an deiner Küste Saum.

Und wenn ich träumend dann durchgeh' / die düstre Tannennacht / und hoch die mächtgen Eichen seh' / in königlicher Pracht, / wenn rings erschallt am Memelstrand / der Nachtigallen Lied / und ob dem fernen Dünensand / die weiße Möwe zieht:

Dann überkommt mich solche Lust, / daß ich's nicht sagen kann, / ich sing' ein Lied aus voller Brust, / schlag' froh die Saiten an. / Und trägst du auch nur schlicht Gewand / und keine stolzen Hö'hn: / Ostpreußen, hoch! Mein Heimatland, / wie bist du wunderschön!

89 Wo frohe Menschen zusammen waren, wo man Ferien und Freizeit genoß, sei es am Strand, auf der Promenade oder der Hafenmole, überall wurde auch das TANZBEIN geschwungen. Meist zu den heimatlichen Melodien, bei denen die Lieder der Jahreszeiten eine bedeutende Rolle spielten, auch nur zur eigenen Freude: Sei es die Freude des Wiedersehens, des gemeinsamen Erlebens, des frohen und glücklichen Beisammenseins. Man lag am Strand und sonnte sich, man kam die Promenade entlang: Da ertönte von irgendwoher Musik, und schon war ein jeder zur Stelle.

90 Der SONNENUNTERGANG über der Ostsee war für viele Urlauber der Höhepunkt ihrer Ferien an der See. Wenn an klaren Tagen die Sonne im Meer versank, erstrahlte sie im kräftigen Gelb-Rot, in schönster Farbenpracht: ein Schauspiel ohnegleichen. Doch meist war der Himmel wolkenbedeckt, der abendliche Spaziergang zum Strand brachte nicht jeden überglücklich heim. Gewaltige Wolkenberge, fernen Gebirgen gleich, türmten sich am Himmel. Seesteg und späte Kähne waren in Dunkel gehüllt, plötzlich brach ein Sonnenstrahl durch und hüllte den ganzen Horizont in letztes Licht.

91 An der Ostküste des Frisches Haffes wurde 1270 auf einem Dünenberg, vielleicht an der Stelle einer Prussenburg, mit dem Bau der FRAUENBURG begonnen. Unter Gerhard Fleming aus Lübeck entstand rasch eine Siedlung, die schon 1287 Ratsleute und Bürger, 1304 einen Schultheiß hatte. 1284 zog das Frauenburger Domkapitel ein; doch erst 1310 erhielt die Stadt von Bischof Eberhard von Neisse die Handfeste nach lübischem Recht. Das Kapitel ernannte bis 1772 den Bürgermeister und übte die Landeshoheit aus. 1836 war Frauenburg Bischofssitz; bis 1945 Sitz des Bistums.

92 Der FRAUENBURGER DOM gilt allgemein als das bedeutendste Werk der Kirchenbaukunst in Ostpreußen, als »das großartigste Muster der ermländischen Bauschule, die unter Zisterziensereinfluß einen fest umschlossenen Charakter entwickelte.« (Dehio) Er ist der kleinste, wohl aber zugleich der feinste aller deutschen Dome. Sein Prunkstück ist der Westgiebel mit der Vorhalle, sein Ureigenes die Zwerggalerie der auf- und absteigenden Arkaden. »Unserer Lieben Frauen Burg, im ganzen Land ihr schönstes Haus«, so hat ihn die ostpreußische Dichterin Agnes Miegel besungen.

93 BRAUNSBERG am Frischen Haff, seit 1252 Stadt und Mitglied der Hanse, im Seeverkehr mit Elbing und Danzig wetteifernd, 1260 Sitz des ermländischen Domkapitels und bis 1340 zugleich fürstbischöfliche Residenz. Die Altstadt-Hallenkirche St. Katharina entstand in fast hundertjähriger Bauzeit zwischen 1343 und 1442 und erhielt um die Mitte des 15. Jahrhunderts ihren massigen, blendenverzierten Turm, der Stadt und Land hoch überragte. Ende des Zweiten Weltkriegs wurde die Kirche von den abziehenden Truppen als »kriegswichtiger Punkt« zerstört. Sie ist sie neu erstanden.

94 Neben dem Holz waren es vorwiegend Tierhäute, denen das Land schon in frühester Zeit seinen Wohlstand verdankte. Von den Prussen ist bekannt, daß sie das Leder der Tiere, die sie in der »Großen Wildnis« erlegten, wohl zu nützen wußten. Als der Deutsche Ritterorden Siedler ins Land brachte, befanden sich unter ihnen bereits einige, die sich auf die Lederzurichtung einstellten. Das Leder war Exportartikel sowohl des Ordens als auch des Fürstbistums Ermland, in den Häfen von Elbing und Braunsberg verschifft. War es anfangs hauptsächlich die Haut der wilden Tiere, die zu Markte getragen wurde, so folgte später im Rahmen der häuslichen Viehzucht eine Ledergewinnung, die sich insbesondere auf die zahlreichen Rinderherden bezog. Bekannt war die LEDERFABRIK in Braunsberg, die sich sowohl mit der Gerbung als auch mit der Lederzurichtung befaßte, nicht nur für Gebrauchsgegenstände wie Schuhe, Taschen und den täglichen Bedarf, sondern auch für Treibriemen und anderen Industriebedarf. Ja, selbst Ledertapeten waren in Herrenhäusern und Schlössern gefragt.

95 Der Hansespeicher an der Ladestelle des BRAUNSBERGER HAFENS ist Zeuge einer großen Vergangenheit. 1254 verlieh der erste Bischof des Ermlands, Anselm, der Siedlung das Stadtrecht. 1260 ließ sich hier das ermländische Domkapitel nieder; bis 1340 war die Stadt zugleich Bischofssitz. Sie war der Seehafen und Hauptwarenumschlagsort des Fürstbistums, der Stapelplatz aller ermländischen Produkte. Man führt Getreide, Flachs und Garn aus. Die blühende Stadt wurde, wie der größte Teil des blühenden Bistums, im Reiterkrieg vom Deutschen Orden überrannt und zerstört.

96 Über dem Ufer des Flüßchens Walch erhebt sich das Städtchen MEHLSACK, 1295 angelegt und dem Bistum Ermland eingegliedert. Die »abschließende Gründungsurkunde der Stadt« stellte 1312 das Domkapitel aus. Mehlsack, ein Kammeramt des Bistums, erhielt die stolze Pfarrkirche St. Peter und Paul, 1893 baufällig geworden und durch eine fünfschiffige Kirche »im neusten gotischen Stil« ersetzt. Schwer hat die Stadt unter den Tataren, böhmischen Söldnern, nicht zuletzt unter dem deutschen Ritterorden und unter den Schweden gelitten. 1918 an den Kreis Braunsberg.

97 Am rechten Drewenzufer, auf dem seit 1350 bekannten Lehngut Krossen, wo seit 1400 eine Marienkapelle stand, ragt die barocke Wallfahrtskirche KROSSEN auf, 1720 Mariae Heimsuchung geweiht. Ähnlich der Kirche in Heiligelinde erbaut, bald Zielpunkt ermländischer Wallfahrer, von einer mittelalterlichen Hostienlegende verklärt. 1740 kam ein Stiftsgebäude hinzu. Die Anlage, in beiden Weltkriegen schwer zerstört, wartet, obwohl die Wallfahrten nach 1947 bald wieder einsetzten, noch immer auf Restaurierung, die Heiligelinde und andere Wallfahrtskirchen erfahren haben.

98 Am linken Ufer der Drewenz liegt WORMDITT, 1308 erstmals als Siedlung, 1312 als Pfarrgemeinde, 1313 als Stadt erwähnt. Bischof Eberhard von Neisse verlieh einem Bürgersohn seiner schlesischen Heimatstadt 1359 die Handfeste nach kulmischem Recht. 1340 begann der Bau der Ringmauer; 1373 war das Rathaus fertiggestellt, das die älteste Glocke des Ermlands, die Ratsglocke von 1384, trug und auf seinem Westgeschoß – als Wahrzeichen der Stadt – ein Storchennest hatte. Die Pfarrkirche St. Johannis, 1379 geweiht und später erweitert, war als Basilika 1479 vollendet.

99 HEILSBERG, am Einfluß der Simser in die Alle, hat eine besonders idyllische Lage. Hier residierten von 1350 bis 1795 die Fürstbischöfe des Ermlands. Die Pfarrkirche St. Peter und Paul, von Bischof Eberhard von Neisse mit halbhohen Seitenschiffen turmlos erbaut, fiel 1497 einem Brand zum Opfer. Die Gewölbe stürzten ein. Durch Erhöhung der Seitenschiffe wurde sie nun in eine Hallenkirche umgebaut, erhielt einen Turm in drei Stockwerken, mit Spitzbogenblenden verziert, 1698 eine Galerie hinzugefügt, die in drei immer kleiner werdenden offenen überkuppelten Laternen endete. Den barokken Helm krönt die strahlende Figur des Erzengels Michael. Die Spitze wurde nach einem Blitzschlag im Jahr 1698 erneuert. Die Kirche hat ein fünfjochiges Langhaus mit diagonal rechtwinkligen Strebepfeilern und einem neuen Chor aus dem Jahr 1893. Sie war im Innern mit Zeugen der Gotik bis hin zum Rokoko ausgestattet, wovon nicht viel übrig geblieben ist. Nur der Hochaltar verrät noch reines Rokoko. In einer vergoldeten Büste bewahrt sie die Reliquie der heiligen Ida. Ein Dachreiter trägt die Zahl 1701.

100 Die Prussen eroberten die 1260 erbaute bischöfliche Burg Heilsberg und behielten sie bis 1273. Von 1315 bis 1321 residierte in ihr Bischof Eberhard von Neisse; er gab Burg und Ansiedlung eine Handfeste nach kulmischem Recht. 1350 bis 1795 war SCHLOSS HEILSBERG die Residenz der Fürstbischöfe von Ermland. Johann von Meißen ließ die Burg aus Stein erbauen; 1400 vollendet. Neben der Marienburg gilt sie als schönste Backsteinburg des Ostens. Das Hochschloß hat einen zweigeschossigen Arkadenhof, Kellergewölbe sowie einen Großen und Kleinen Remter mit Sterngewölben.

101 Kirchen, Kapellen und Bildstöcke unterscheidet man im Ermland und auch über dessen Grenzen hinaus. In einem Land, in dem die Wallfahrten eine ganz besondere Rolle spielen, werden Kirchen oft zu klein, so daß sie durch Neubauten ersetzt werden müssen. So war es auch in dem Dorf SCHÖNWIESE im Kreis Heilsberg, das es selbst nie auf 500 Einwohner brachte. Hier wurde im Jahr 1713 eine Freveltat am Heiligen Kreuz begangen, die der Dorfschulze verschweigen wollte. Fürstbischof Potocki aber setzte eine Gerichtskommission ein. Die drei Haupttäter wurden verurteilt und 1715 enthauptet. Aber auch den Schulzen traf es hart: Da er es unterlassen hatte, Anzeige zu erstatten, wurde sein Haus abgebrochen und auf seine Kosten eine Sühnekapelle zum Heiligen Kreuz erbaut. Wallfahrten setzten ein, die Kapelle erwies sich als zu klein; der Bischof legte den Grundstein zu einer größeren, die 1723 geweiht wurde. Dreißig Jahre darauf wurde mit dem Bau einer Kirche begonnen, die Bischof Krasicki 1775 weihte. Kapellen und Kirchen reichten jedoch nicht aus. So wurden Bildstöcke errichtet.

102 Im Jahre 1939 lebten 627 Menschen in dem verträumten Dörfchen KREKOLLEN im Kreis Heilsberg, dessen Gründungsurkunde 1336 auf den Namen Deutschental ausgestellt worden war, später in Kelkollen und schließlich in Krekollen verändert. Dorf und Kirche brannten beim Einfall der Litauer im Schicksalsjahr 1414 nahezu vollständig ab. Der Hochaltar der Dorfkirche stammt aus der ersten Hälfte des 18. Jahrhunderts, ebenfalls die Kanzel. Auf dem der Kirche vorgebauten vierkantigen Turm wehte eine Wetterfahne, die neben der Jahreszahl 1725 auch das Wappen Bischof Potockis zeigt.

103 Die Pfarrkirche des Dorfes WUSLACK, ursprünglich Frischenbach, auf dem Feld Wuselauken im späteren Kreis Heilsberg erbaut, stammt aus dem 14. Jahrhundert. Sie wurde dem heiligen Antonius Magnus geweiht. Ein mächtiger Turm beherrscht die Landschaft, abwechslungsreich mit Blenden und Bögen gegliedert, von einem Treppengiebel gekrönt. An der südlichen Vorhalle befindet sich die St. Bruno-Kapelle, 1727 vom Frauenburger Domherrn Gottfried Heinrich zu Eulenburg gestiftet, von Peter Meier ausgemalt. Bruno von Querfurt starb 1009 den Märtyrertod.

104 Die Pfarrkirche von GUTTSTADT, von 1357 bis 1392 zu Ehren des Allerheiligsten Erlösers und aller Heiligen an Stelle einer früheren Holzkirche als »Kollegiatskirche« erbaut, war als »Halber Dom« die zweitgrößte Kirche im Ermland. Fünf Domherren residierten in Guttstadt, dem einzigen Kollegiatskapitel, gegründet 1341 in Petrikau bei Braunsberg und über Glottau nach Guttstadt verlegt. Das Stift besaß viele Schätze, darunter kostbares Schnitzwerk, gotische Altäre, unter ihnen den Guttstädter Hochaltar von 1396, eine sehr umfangreiche Bibliothek und ein altes Archiv.

105 ALLENSTEIN, die Burg des ermländischen Domkapitels, dem die prussischen Gaue Gudikus und Bertingen als weltliches Territorium zugesprochen waren, wird mit Mühle und Ansiedlung 1348 erstmals erwähnt. Die Stadt Allenstein erhielt ihre Handfeste 1353 vom Domkapitel, dessen höchster Beamter, der Kapiteladministrator, bis 1772 in der Burg residierte. Der bedeutendste Administrator war Nikolaus Kopernikus, der die Burg Allenstein im Reiterkrieg 1521 gegen die Söldner des Hochmeisters Albrecht von Brandenburg verteidigte, die unverrichteter Dinge abzogen.

106 Ein Monolith aus rötlichem Granit, einen jüngeren Mann darstellend, 1,25 m groß auf 25 cm hohem Sockel, Kopf und Schultern gleich breit, mit ausdrucksvollem Gesicht und gekreuzten Unterarmen, steht heute im Allensteiner Burghof. Die Füße, nur angedeutet, treten unter dem Gewand hervor. Ein BABE, Zeuge prussischer Kultur, eine Skulptur aus der Zeit, ehe der deutsche Orden im Prussenland eintraf. Ein Beweis dafür, daß die Prussen nicht »Wilde« waren, wie der Ordenschronist behauptet, sondern ein kultiviertes Volk. Zwei dieser Baben stehen in Bartenstein, ein Mann mit Bart, 1,70 cm groß, und eine Frau von nur einem Meter. »Bartel und Justebalde« hat der Volksmund sie später genannt. War es ein Stammeshäuptlingspaar? Wurde hier erstmals im Prussenland der Mensch als authentische Persönlichkeit dargesellt? Oder aber waren es prussische Götter, Fruchtbarkeitsgötter vielleicht, denn sie waren mit dem Sockel in den Acker eingelassen. Der Name »Babe« sagt wenig aus: von »Baba« – altem Weib – dürfte so wenig die Rede sein wie vom heiligen Bartholomäus.

107 Typische LAUBENHÄUSER standen an zwei Seiten um den Marktplatz in Allenstein – wie auch in anderen ermländischen Städten. Die Marktplätze waren nahezu quadratisch angelegt, in der Mitte stand das Rathaus. Die Lauben boten den Marktleuten bei Regen einen Unterschlupf und gestatteten zugleich den Bürgern ein Betrachten der Schaufenster der Kaufleute bei jedem Wetter. Die Häuser, zweigeschossig, waren bis ins 18. Jahrhundert hinein fast durchweg aus Holz gebaut. Gegenüber den gewaltigen Backsteinbauten, der Burg, der St.-Jakobi-Kirche, den Stadttoren wirkten sie sehr bescheiden. Die einheitliche Anordnung der Lauben ist auf eine Anordnung des Domkapitels zurückzuführen, die dem schlesischen Beispiel folgte, das die Siedler mitgebracht hatten. Bürgerhäuser aus Stein lösten die ursprünglichen Holzbauten wegen der häufiger auftretenden Stadtbrände ab; auch sie wurden zweigeschossig, mit dem Giebel zur Straße angelegt, in dem sich ein Fenster befand. Am Allensteiner Markt gab es vier gotische Laubenhäuser. Die übrigen waren umgebaut.

108 Bei der FRONLEICHNAMSPROZESSION trägt Bischof Maximilian Kaller, umringt vom Klerus der drei Gemeinden, das Allerheiligste durch die Straßen der Stadt Allenstein. Der Fronleichnamstag war das Hochfest des Ermlands. Die Straßen, durch die die Prozession zog, waren von jungen Birken gesäumt, die Häuser mit Kirchenfahnen und Blumen, mit brennenden Kerzen und Tannengrün geschmückt. Drei Altäre waren in der Stadt aufgebaut, an denen die Prozession Halt machte, um eines der Evangelien anzuhören. Festlich gekleidete Menschen verharrten in Andacht.

109 Kondukt – feierliches Geleite, nannte man im Ermland das BEGRÄBNIS, Ganzkondukt, wenn es am Vormittag stattfand, wobei der Tote zur Kirche gefahren wurde, um an einer letzten Eucharistiefeiern und am Requiem teilzunehmen, Halbkondukt am Nachmittag, wenn es vom Sterbehaus direkt zum Friedhof ging. Den Ganzkondukt führten drei Geistliche an, die den Toten von seinem Haus abholten und zur Kirche, dann zum Friedhof geleiteten, den Halbkondukt meist nur ein Geistlicher. Geburt und Tod bildeten im Ermland eine Einheit: im Tod wurde die zweite Geburt gesehen; er war das Tor zum ewigen Leben. Mit dem gleichen »Weihkraut« wurden Kindsbett und Sterbebett ausgeräuchert, dieselbe Kerze brannte an der Wiege wie am Totenbett. »Nun komm zu deinem Begräbnis«, pflegte man zum Toten zu sagen. Die Paten waren, wenn sie noch lebten, die ersten, die dem Sarg folgten. Die Särge, früher blau in der Farbe des Himmels, erhielten später Holzfarbe oder einen schwarzen wie auch weißen Anstrich. Hier verläßt ein Kondukt das backsteingotische Portal der Allensteiner St.-Jakobi-Kirche.

110 Ein massiger Bildstock in DIETRICHSWALDE, dem heutigen Wallfahrtsort im Kreis Allenstein. Schon 1352 erhielt hier der Lokator Andreas eine Handfeste. Eine Kirche dürfte im Ort bereits kurz nach 1400 gestanden haben, von 1405 bis 1409 wird ein Pfarrer Sternchen erwähnt. Die Pfarrkirche Mariae Geburt weihte Weihbischof Johannes im Jahr 1500. 1877 soll in Dietrichswalde, außerhalb des Dorfes, mehreren Gläubigen die Mutter Gottes erschienen sein. Um die Stelle wurde später ein Gitter gezogen. Menschen strömten herbei, und es entstand ein Wallfahrtsort. Eine neue Kirche entwarf der Paderborner Diözesanbaumeister Güldenpfennig im neoromanischen Stil. Wallfahrer, die einzeln oder in Prozessionen hierher kamen, verweilten vor dem ziegelgemauerten Bildstock, der an allen vier Seiten mit Bildwerken aus der Heilsgeschichte geschmückt war, gekrönt von einem weit ins Land leuchtenden Kruzifixus auf der Turmspitze. In Erinnerung an das einstige Geschehen und das Eisengitter wurde um den Bildstock ein weißer Holzzaun gezogen, der ihn aus der grünen Natur ringsum heraushebt und schützt.

111 Die der heiligen Anna geweihte Pfarrkirche von WARTENBURG im Landkreis Allenstein war ursprünglich in die Stadtbefestigung einbezogen – ein dreischiffiger, chorloser Bau, eine gotische Hallenkirche, um 1400 vollendet. Der massige Westturm folgte hundert Jahre später. 1594 brannte die Kirche aus. Dem Patron des Ermlands, dem heiligen Andreas, war die Klosterkirche der Franziskaner geweiht, die Bischof Heinrich Sorbom als einschiffige Halle mit großem Chor hatte erbauen lassen. Das Franziskanerkloster stand nach der Reformation leer und wurde von Bischof Kardinal Andreas Bathory zuerst der Stadt zu Wohnzwecken, später den Bernhardinermönchen zur Verfügung gestellt, die es 1597 neu einrichteten. Es wurde 1810 säkularisiert, 1830 vom Preußischen Staat eingezogen und 1846 in eine Strafanstalt, das später berüchtigte Zuchthaus des Regierungsbezirks Allenstein verwandelt. Die Pfarrkirche in Wartenburg zählt zu den großen Kirchen in Dörfern und kleinen Städten, wie man sie im Bistum immer wieder antrifft. Die Stadt hat es nie auf 6000 Einwohner gebracht. Doch man baute Kirchen für Gott.

112 In Wartenburg befindet sich heute einer jener neogotischen FLÜGELALTÄRE, wie man sie im Ermland häufig antrifft: im Innern ein Schnitzaltar mit den Figuren von Heiligen, im Mittelpunkt die heilige Anna als die Patronin der Kirche, neben ihr die Heilige Maria, deren Mutter sie war; flankiert von zwei Heiligen und gekrönt von einem Aufbau mit Engeln und Heiligenfiguren. Die beiden Seitenflügel zeigen in Öl gemalt Bilder aus der Kindheitsgeschichte Jesu. Sie sind »zuklappbar« und wurden in der Fastenzeit geschlossen, wenn lila Tücher das Kreuz und die Heiligenbilder verdeckten, um so der Trauer Ausdruck zu geben. Vor dem Altar brennt eine kunstvoll gefertigte Ewige Lampe, die von der Gegenwärtigkeit des Herrn Zeugnis ablegt. Bemerkenswert sind an diesem Altar die beiden Engel auf den kleinen Bildern über den Altarflügeln wie auch die beiden Heiligengestalten neben dem Altar, die auf das heilige Geschehen hinweisen, das sich hier täglich in der Eucharistiefeier vollzieht. Ein blumengeschücktes Bild auf dem Altar neben dem Tabernakel gehört in den Bereich der heutigen Heiligenverehrung.

113 An der Dimmer stand schon vor 1389 ein Wach- und Wildhaus des Deutschen Ritterordens, um Einfälle der Litauer ins Land zu verhindern. Daran lehnte sich die Stadt BISCHOFSBURG, 1395 als letzte der zwölf Städte des Fürstbistums Ermland von Bischof Heinrich III. Sorbom mit einer Handfeste nach kulmischem Recht ausgestattet. Im Hungerkrieg wie auch im Städtekrieg erlitt die Stadt starke Zerstörungen, im Schwedenkrieg brannte sie nahezu ab; später von acht weiteren Großbränden heimgesucht. Bischof Lukas Watzenrode, der Onkel des Nikolaus Kopernikus, schenkte den Bischofsburgern die Bausteine der abgebrochenen Kirche zum Heiligen Geist in Heilsberg, um ihre abgebrannte Kirche wieder aufbauen zu können. 1580 wurde die heutige, dem heiligen Johannes dem Täufer gewidmete Kirche geweiht; ihren vierkantigen Turm, dessen Haube im Zweiten Weltkrieg zerstört wurde, erhielt sie erst 1721. Die Kirche wurde im 18. Jahrhundert nach Osten hin, im 19. um die Seitenschiffe erweitert. Die Bischofsburger lebten von Ackerbau und Viehzucht. Siedler aus der Lausitz betrieben regen Leinwandhandel.

114 Die BURG RÖSSEL war nordöstlichster Eckpfeiler des Fürstbistums Ermland. Die Ansiedlung, die bei ihr entstand, erhielt vom Domkapitel 1337 die Handfeste nach kulmischem Recht. 1355 begann Bischof Johann von Meißen mit dem Bau eines festen Schlosses, den Bischof Sorbom 1375 vollendete. Bis 1772 Sitz des bischöflichen Burggrafen, der das Kammeramt Rößel verwaltete, diente die Burg ab 1780 als Zuchthaus. Durch einen Brand beschädigt, kam sie zur evangelischen Kirchengemeinde, die den Südflügel zur Kirche umbaute. Burg und Kirche sind heute restauriert.

115 Vogt Heinrich von Luther gründete 1362 das Dorf Vrödemberg, später FREUDENBERG genannt, und gab ihm die Handfeste nach kulmischem Recht. 1480 wird ein Pfarrer Thomas Kranch erwähnt. Die Pfarrkirche, dem heiligen Georg, dem Beschützer vor der Pest, gewidmet, stammt aus dem 15. Jahrhundert, ein gefugter Ziegelbau im gotischen Verband mit einer später ausgemalten Flachdekke. Sie besitzt einen schmukken Holzturm mit achteckiger Spitze. Den barocken Hochaltar aus dem Jahr 1750 schmückt ein Bild des Kirchenpatrons, des heiligen Georg, gemalt 1762 von dem Maler Joseph Korzeniewski. Bemerkenswert ist ein Flügelaltärchen, rechts vom Hauptaltar, mit einem doppelstöckigen Marienbild, eine Madonna auf der Mondsichel, darüber die Darstellung der Krönung Mariens durch Gott Vater, den Sohn und den heiligen Geist. Die Kirche ist von einer Mauer umgeben, die gegenüber dem Haupteingang ein Ziegelportal mit abgeflachtem Dach hat. Mittel- und Seitendurchgänge im »Mauerportal« sind vergittert, die Gitter sind modern und haben einen symbolischen Schmuck.

116 Im Kreis Rößel, in der Nähe der Bahnstation Bergenthal, lag das größte Rittergut des an Gütern recht armen Ermlands: BANSEN. Die großen Güter Ostpreußens lagen im Deutschordensland, im späteren Herzogtum Preußen. Das hatte seinen Grund: Wer oft Krieg führen mußte, war auf die Gutsherren angewiesen. Sie mußten Leute und Material zur Verfügung stellen. Die Fürstbischöfe des Ermlands dagegen brauchten diese nicht, da sie kaum einen Krieg zu führen oder an einem solchen teilzunehmen hatten. Das Fürstbistum Ermland war bis 1772 autonom und entschied selbst in seinen Angelegenheiten. Das Gutshaus Bansen stand mitten in einem gepflegten Park und bot dem Gutsherrn alle Annehmlichkeiten seiner Zeit. Auf einer Anhöhe stand die Windmühle, ein architektonisches Kunstwerk, Bruchsteine im Sockel, aus festem Stein gemauert, kuppelförmig überdacht, mit einer Wetterfahne. Sie war zu aufwendig für die 244 Einwohner von Bansen. Die Bauern der Umgebung durften hier ihr Getreide mahlen – ein Geschenk des Gutsherrn an die ermländischen Bauern.

117 Immer wieder fragt man sich, wie ein so mächtiger Kirchenbau in einem so kleinen Dorf entstehen konnte. Die dem heiligen Jodokus geweihte Kirche von SANTOPPEN ist ein typisches Beispiel dafür. Das Dorf trägt den Namen seines Gründers Santop. Es erhielt 1337 seine Handfeste. Seine Sternstunde schlug, als Bischof Hermann und dessen Domkapitel es 1343 der Kirchenfabrik des Doms zu Frauenburg übergaben. Die Kirche wurde aus roten Ziegeln im gotischen Verband erbaut, mit spitzbogigen Blenden zwischen übereck gestellten Pfeilerchen. Turm und Ostgiebel erstanden in einmaliger Schönheit und Stilreinheit. Das wichtigste Stück aber, das sie erhielt, war einer der wertvollsten Altäre, die das Bistum Ermland besaß, der Jodokusaltar mit szenischen Darstellungen aus dem Leben des Heiligen und Kirchenpatrons, dessen Tafeln heute im ermländischen Museum, im Schloß Heilsberg, geborgen sind. Die Kirchendecke malte der Maler Bornowski aus. Die weitere Ausstattung der Kirche stammt vom Ende des 18. Jahrhunderts. Manch eine Stadt könnte das Dörfchen um Kirche und Altar beneiden.

118 Hinter der hölzernen Windmühle zieht sich die Silhouette der Stadt RASTENBURG mit der ältesten Burg des Deutschen Ordens im südlichen Ostpreußen, 1329 von Balga aus erbaut, ab 1423 Verwaltungsmittelpunkt des Kammeramtes Rastenburg. 1359 bis 1370 entstand die St.-Georgs-Kirche, eine Wehrkirche mit vorgelegtem Parcham, im 15. Jh. erweitert, 1515 vollendet. Der Wehrturm war zugleich Südwestturm der Stadtbefestigung. In Rastenburg wurde 1863 der Dichter Arno Holz geboren, der gemeinsam mit Johannes Schlaf den schrankenlosen Naturalismus begründete.

119 Westlich von Bäslack im Kreis Rastenburg liegt hart an der Grenze zum Ermland der vielbesuchte Wallfahrtsort HEILIGELINDE. Zum Andenken an den Sieg des Großkomturs Heinrich von Plozk über den Litauerfürsten Witen wurde 1311 eine Kapelle erbaut, 1482 erstmals als Wallfahrtsort mit dem Marienbild auf dem Lindenstumpf erwähnt. Trotz Zerstörung und Wallfahrtsverbot infolge der Reformation hörten die Wallfahrten nicht auf. 1617 kaufte Stephan Sadorski, der Sekretär des polnischen Königs Sigismund III., das Gut Linde und ließ auf den Fundamenten der alten eine neue Kapelle errichten, die 1619 geweiht wurde. Siebzehn Jahre später übertrug er sein Eigentumsrecht dem ermländischen Domkapitel und übergab Seelsorge und Nutzung am Lande den Rößeler Jesuiten. Immer mehr Wallfahrer kamen aus dem Ermland, aus Polen und Litauen, so daß die Kirche zu klein wurde. 1687 bis 1730 entstand das barocke Gotteshaus mit Anbauten, einem Kreuzgang mit überkuppelten Kapellen und einer reich geschmückten Fassade. Fürstbischof Joseph von Hohenzollern verhinderte 1812, daß die Kirche an den Staat fiel.

120 Die figurenreiche Fassade der Wallfahrtskirche Heiligelinde mit dem schmiedeeisernen GRÜNEN TOR, geschaffen von den Rößeler Schmieden Johannes und Christoph Schwarz im Jahr 1734. Das Tor stellt symbolisch eine Linde dar, von der Wurzel über das Blatt zur Blüte; darüber der Stammbaum Christi mit einem Verweis auf das Matthäus-Evangelium. Über dem Tor die Darstellung des Englischen Grußes, dazwischen im goldenen Strahlenkranz das Jesuskind mit dem Kreuz der Erlösung. In den Ecken des Karrees überkuppelte Kapellen, durch einen Kreuzgang verbunden.

121 Zu den schwersten, aber auch schönsten Arbeiten zählte das Einbringen der GETREIDEERNTE im Herbst. Die hochbeladenen Erntewagen, auf denen sich kunstvoll gestapelt die Hocken türmten, standen auf dem Acker bereit, wenn der Knecht mit den Pferdegespannen vom Hof kam und sie vor den Wagen spannte. Der Abend fiel bereits ein, wenn die Heimfahrt angetreten wurde. Nicht immer war das Wetter den Landleuten günstig. Aufregung herrschte, wenn am Nachmittag Gewitterwolken aufzogen oder der Himmel sich als Ankündigung eines Regens zu verfinstern begann.

122 Als das Ermland 1772 bei der Ersten Teilung Polens von Preußen »besitzergriffen« wurde, versuchte Friedrich der Große seinen persönlichen Freund, den ermländischen Fürstbischof, aber auch die ermländischen Bauern, die den Hauptteil der Bevölkerung bildeten, auf irgendeine Weise zu entschädigen. In einem Dekret hob der König die Leibeigenschaft der Bauern auf, ohne zu wissen, daß es eine solche im Ermland gar nicht gab und nie gegeben hatte. Den Füstbischof entschädigte er, indem er ihn bald darauf die St. Hedwigskirche in Berlin einweihen ließ, die er für die katholischen Schlesier hatte bauen lassen müssen. Die ermländischen Bauern standen diesem König weiterhin skeptisch gegenüber. Die einzige »gute Tat«, die er vollbracht habe, sagte man, sei die Einführung der Kartoffel gewesen. Lebte das Bauernland Ermland bis dahin hauptsächlich vom Flachs- und Getreideanbau, so kamen nun weite Kartoffeläcker hinzu. Meist waren es Frauen, die sie bestellten vom ersten bis zum letzten Angelusläuten, bis das Kreuz schmerzte und die KARTOFFELERNTE zum »wahren Kreuz« wurde.

123 Warum die Bauern in Ostpreußen zum Pflügen OCHSENGESPANNE bevorzugten, obwohl sie doch im »Land der Pferde« lebten, ist eine bisher ungeklärte Frage. Es war nun einmal so. Schon die Großväter hatten es getan, die Väter hatten die Gewohnheit übernommen, und die Kinder tun es, wo sie auf den Gehöften geblieben sind, noch heute. Auch Bauern, die nach dem Zweiten Weltkrieg aus Polen ins südliche Ostpreußen gekommen sind, haben sich dieser Gepflogenheit angeschlossen, so daß der von Ochsen gezogene Pflug ein Bild ist, das sich in unsere Tage hinein erhalten hat. Wie die Bauern behaupten, sind die Ochsen ruhiger als die Pferde, sie lassen sich auch leichter lenken und ermüden nicht so schnell. Der ostpreußische Bauer kannte nur den Zwölf-Stunden-Tag, vom ersten Angelusläuten morgens um sechs Uhr bis zum Abendläuten um sechs Uhr nachmittags; dazwischen kurze Pausen für ein Vesperbrot und für das Mittagessen, von den Frauen oder Kindern aufs Feld herausgebracht, um ja keine Zeit zu versäumen. Der Kampf mit dem Wetter hatte diesen Rhythmus geschaffen.

124 Das GÄNSERUPFEN war eine »einträgliche« Beschäftigung für die Bauersfrauen. Es ging dabei nicht nur darum, die Gänse, die zum Verkauf gelangten, »appetitlich« herzurichten, sondern hauptsächlich um die Federn, die man zur Füllung von Betten und Kissen brauchte. Im kalten ostpreußischen Winter war das Federbett der einzige Wärmeschutz für die Nacht. Das Rupfen und »Abziehen« der Federn bereitete viel Mühe. Auf den Gütern gab es »Rupfstuben«, auf den Dörfern schlossen sich die Bäuerinnen zusammen; vieles wurde auf dem Lande »gemeinsam« erledigt.

125 Wiesen und Weiden, von Gräben, Flüssen, Kanälen durchkreuzt, Sandboden und fruchtbare Felder sicherten das Dasein der Nehrungsbauern. Vor ihren Holzhäusern mit den bemalten Fenstern und Türen sah man hochaufgestockte Heuhocken und Holzstapel. Die meisten Menschen lebten hier vom Haferanbau, Fischfang, von der Zwiebelernte und der Schweinezucht. Das einzige Verkehrsmittel in dieser städtelosen Gegend war der Kahn, im Winter der Schlitten, gleich ob es auf das Kurische Haff oder auf die das Hinterland füllenden Äcker und Wiesen ging. Hinzu kamen häufig Überschwemmungen. Das Hochwasser war der Erbfeind des Menschen. Der ganze Besitz türmte sich zuweilen auf dem Strohdach. Es war ein hartes Leben, hart für den Fischer, den Bauern, auch für die Bauersfrau, der nicht nur die Führung des Haushalts, sondern meist auch die Hofarbeit zufiel. Zähe Menschen wuchsen hier heran, die das Arbeiten zu ihrer Gewohnheit machten. Die HOLZVERSORGUNG war von Wichtigkeit. In den Freistunden des Tages sägten die Frauen auf den Höfen die Holzstämme.

126 Hochmeister Konrad Zöllner von Rothenstein erhob 1386 das Kirchdorf Heinrichswalde zwischen dem Kalbensee und dem Lehlesker See zur Stadt mit kulmischem Recht, später zu Ehren des Obersten Spittlers und Komturs zu Elbing, Siegfried Walpot von Bassenheim, in PASSENHEIM umbenannt. Die Ordenskirche stammt aus dem Jahr 1391. Die Stadt entwickelte sich zum Marktflecken. 1616 ließ Kurfürst Johann Sigismund aus den Steinen der Burg ein Rathaus bauen. Beim Tatareneinfall 1656 entkam der spätere Historiker Christoph Hartknoch als zwölfjähriger Junge.

127 Die 1939 knapp zehntausend Einwohner zählende Stadt SENSBURG am Westufer des Schloß-Sees zählt zu den Gründungen Konrad von Jungingens »inmitten der Wildnis«. Urkundlich wird sie 1397 erstmals erwähnt. Angelegt hat sie der Komtur von Balga, Graf Johann von Sayns. Im Reiterkrieg, 1520 bis 1521, geplündert und zum Teil niedergebrannt, bauten nach dem Frieden von Krakau vorwiegend aus Masuren kommende Siedler sie wieder auf. Im zweiten Teil des 17. Jahrhunderts litt sie unter Tatareneinfällen. Die Zerstörungen des Zweiten Weltkriegs sind heute beseitigt.

128 Eine erste Ordensburg an der Neide wurde zwischen 1266 und 1268 erbaut, 1376 erstmals als NEIDENBURG erwähnt. Sie war Sitz eines Pflegers und diente der Abwehr der Litauer-Angriffe; 1525 Sitz eines Amtshauptmanns. Am 24. November 1806 weilte Friedrich Wilhelm III. in Neidenburg. Dies führte mit zur vollständigen Erneuerung der Burg zwischen 1829 und 1830. Um die Burg sammelten sich Handwerker, später Kaufleute. Am 7. Dezember 1381 verlieh Hochmeister Winrich von Kniprode dem Ort das Stadtprivileg, 1420 von Hochmeister M. Küchmeister erneuert.

129 Die Stadt HOHENSTEIN am Ameling entstand neben dem 1343 gegründeten Dorf Hoensteyn, 1359 Mittelpunkt des Kammeramtes. Hochmeister Winrich von Kniprode gab ihr die Handfeste nach kulmischem Recht. Nach der Säkularisierung des Deutschen Ordensstaates Hauptamt, 1610 mit dem Hauptamt Osterode vereint. Mehrere große Brände zerstörten weite Teile der Stadt. Im 19. Jahrhundert lebten in ihr weitgehend Ackerbürger; 1914 war sie hartumstrittener Mittelpunkt der Schlacht bei Tannenberg. Über das »Trümmerfeld Hohenstein« übernahm Leipzig die Patenschaft.

130 An eine der größten Schlachten des Mittelalters erinnert dieser Findling an der Stelle, an der Hochmeister Ulrich von Jungingen fiel. Wladislaw II. von Polen hatte dem Hochmeister erklärt, daß ein Angriff des Deutschen Ordens auf Litauen seinen Angriff gegen den Orden zur Folge haben würde. Daraufhin hatte der Hochmeister Polen den Krieg erklärt. Am 15. Juli 1410 erlitt der Orden bei Grünfelde und TANNENBERG eine vernichtende Niederlage. Hochmeister Ulrich von Jungingen und zweihundert Ordensritter fielen in der Schlacht. Das Ordensheer wurde aufgerieben, die Polen erbeuteten alle 51 Banner und brachten sie in den Dom zu Krakau. König Wladislaw brach gen Marienburg auf und eroberte eine Reihe Ordensburgen. Im Frieden zu Thorn gelang es, den Fortbestand des Ordensstaates zu sichern, doch mußte für die Gefangenen ein Lösegeld von 100 000 Schock böhmischer Groschen gezahlt werden. Das bedeutete den finanziellen Ruin des Ordens. Er mußte das Geld durch Abgabeverpflichtung seiner Untertanen beschaffen. Zwanzig Jahre lang führte der Orden Verzweiflungskämpfe.

131 Das TANNENBERG-NATIONALDENKMAL, in der Nähe von Hohenstein gelegen, erinnerte an die zweite Schlacht bei Tannenberg vom 23. bis 31. August 1914, in der die Zweite Russische Armee unter A. W. Samsonow von der Zweiten Deutschen Armee unter Paul von Hindenburg und dessen Generalstabschef Ludendorff durch Umfassungstechnik vernichtend geschlagen wurde. Die Schlacht bei Tannenberg war bis dahin der größte Einkreisungssieg in der Kriegsgeschichte. Es folgte der Sieg über Rennenkampf an den Masurischen Seen. Noch im selben Jahr übernahm Paul von Hindenburg die Leitung der gesamten deutschen Oststreitkräfte und wurde Generalfeldmarschall. 1927 wurde das Reichsehrenmal in Tannenberg errichtet, eine kranzartige Anlage von beträchtlichem Ausmaß mit Türmen, in denen die Fahnen der siegreichen Regimenter untergebracht waren und in deren einem, nur mit einem schlichten Kreuz verzierten, von Hindenburg seine Ruhestätte fand. 1945 wurde das Tannenbergdenkmal angesichts der heranrückenden Roten Armee von deutschen Truppen gesprengt.

132 Der Skilauf war in Ostpreußen kein Leistungssport. Es gab keine Berge und kein Gelände, das sich gut dafür eignete. Kein Wunder, wenn die Hügellandschaft des mittleren Ostpreußens zu SKIWANDERUNGEN einlud, die immer beliebter wurden. Dabei bediente man sich keiner besonderen Skikleidung. Der Wintermantel mußte herhalten, als ginge es »zu Fuß« durch die verschneite Landschaft. Meist nahm man auch mit selbstgebastelten »Brettern« vorlieb. Überall gab es, wo ein Höhenrücken lockte, den sogenannten »Idiotenhügel«, auf dem sich erwachsene Anfänger übten.

133 ORTELSBURG, am Großen und Kleinen Haussee gelegen, von masowischen Kolonisten, meist Handwerkern, angelegt, wurde 1616 durch Verleihung des Fundationsprivilegs zur Stadt erhoben. Hier trafen sich 1629 Kurfürst Georg Wilhelm und der Polenkönig Wladislaus. Fünf Großbrände, Krieg und Pest verheerten die Stadt zwischen 1638 und 1717. Das preußische Königspaar weilte 1806 in ihr auf der Flucht; für einige Tage war sie Sitz der preußischen Regierung. Ab 1833 erlebte die Stadt dank der Holz- und Mühlenindustrie einen wirtschaftlichen Aufstieg. 1914 wurde sie zerstört.

134 JOHANNISBURG am Flüßchen Pissek trug den Namen des heiligen Johannes des Täufers, seines Schutzpatrons bei der Abwehr der Litauer: ein Haus des Ordens, einem Pfleger unterstellt, 1361 von Kynstut eingenommen und niedergebrannt. 1379 besuchte Winrich von Kniprode die inzwischen erbaute Jagdbude; 1392 fand hier die »Feier des Ehrentisches« statt. Der aus Polen vertriebene Martin Glosse brachte die Reformation. 1645 verlieh Kurfürst Friedrich Wilhelm dem Castrum divi Joannis das Stadtrecht. Hier befindet sich eine der größten Fachwerkkirchen Masurens.

135 Die Johannisburger Heide war das größte zusammenhängende Waldgebiet in Preußen. Sie nahm gut ein Drittel des Kreises Johannisburg ein und reichte weit in die Kreise Sensburg und Ortelsburg hinein. In den Wäldern gab es meist Nadelholz, Kiefern bis zu 40 Meter hoch, gemischt mit Fichten. Aber auch Eichen, vereinzelt Erlen, Birken, Espen, Ahorn und Ebereschen wuchsen hier. Die idealen Rohstoffe, um in Johannisburg eine SPERRHOLZFABRIK zu errichten, die bei der holzverarbeitenden Industrie viel Zuspruch fand und ihre Hölzer weit über die Grenzen hinaus lieferte.

136 Eckertsdorf am Dußsee, im Kreis Sensburg, 1828 von einer Sekte der griechisch-orthodoxen Kirche, den nach ihrem Gründer und Oberhaupt Philipp Pusteswjat benannten PHILIPPONEN angelegt, besaß ein orthodoxes Gotteshaus mit Glockenturm und Zwiebelkuppe, einem Kreuz mit drei Querbalken und ein Nonnenkloster, dem einzigen russischen Kloster auf deutschem Boden. Die Philipponen waren aus Rußland in die Johannisburger Heide gekommen, weil sie den Kriegsdienst aus religiösen Gründen verweigerten. Sie nannten sich »Altgläubige« und erkannten als Sakramente nur Taufe und Beichte an. Trauungen fanden bei ihnen nicht statt; wie die Mennoniten weigerten sie sich, einen Eid zu leisten. Die Frauen waren rechtlos, die Männer durften erst mit zwanzig Jahren einen Hausstand gründen. Als sie Familiennamen annehmen und ihre Kinder zur Schule schicken sollten, drohten sie mit Auswanderung. Die erste Ansiedlung leitete nach der preußischen Kabinettsordnung von 1825 der Forstmeister Eckert. Die erste Kolonie entstand zwischen dem Mucker- und Beldahnsee. Sie durften nur unkultiviertes Land erwerben.

137 Es gibt nicht sehr viele Ansiedlungen am KRUTTINNAFLUSS, dem schönsten der masurischen, ja ostpreußischen Flüsse. Vom Muckersee schlängelt er sich durch die Johannisburger Heide, vorbei an dem Philipponendorf Eckertsdorf, über Ukta hin zum Gartensee, von wo aus man auf dem Wasserwege – über den Beldahnsee – Nikolaiken erreichen kann. Klar wie Kristall ist sein Wasser, reich die Pflanzenwelt und vielfältig die Fülle der Fische. Man kann mit dem Stakboot durch die Wälder fahren, den Fluß barfuß durchwaten in dem flachsten Wasserspiegel aller Gewässer.

138 Der Nikolaiker STINTHENGST ist eine Figur aus dem masurischen Sagenschatz: Im Spirdingsee lebte einst ein gewaltiger silberner Fisch, einem Stint gleich, der über die Menge der Stinte herrschte und für die Mehrung seiner Untertanen sorgte. Nikolaiker Fischer fingen ihn eines Tages mit ihren kräftigen Netzen und brachten ihn im Triumph nach Hause. Der umsichtige Stadtrat verhinderte die Tötung des wunderlichen Tiers, wollte aber die seltene Beute auch nicht wieder freigeben. So wurde beschlossen, den Stinthengst in der Nähe der Nikolaiker Stadtbrücke an eine Eisenkette zu legen. Da liegt er nun angebunden in dunkler Tiefe. Von Zeit zu Zeit aber taucht er auf und zeigt sich jenen, die zufällig auf der Brücke stehen. Seine Gefangenschaft bewirkt, daß die Stintschwärme um Nikolaiken kreisen und ihrem König die gebührende Ehre erweisen. Die Nikolaiker aber profitieren davon, denn die kreisenden Stintschwärme sind der Grund dafür, daß sie lohnendere Fänge einbringen als alle anderen masurischen Fischer weit und breit, deren es ja im Land der tausend Seen sehr viele gibt.

139 NIKOLAIKEN, Kreis Sensburg, zwischen dem Nikolaiker See und dem Talter Gewässer, wurde 1444 erstmals urkundlich erwähnt. In der Nähe des aus drei Siedlungskernen zusammengewachsenen Kirchdorfes: Niklasdorf oder Nickelsdorf, Koniec und Koslau, gab es einen Ordenshof. Koslau konnte man nur mit einem Kahn erreichen, später über die Holzbrücke von Niklasdorf, unter der der sagenumwobene »Stinthengst« gehaust haben soll. Friedrich Wilhelm I. gab dem Ort das Stadtrecht. Die Stadt lebte von Fischfang, von Maränenräucherei und dem Fremdenverkehr.

140 ARYS, das älteste Kammeramt des Deutschen Ordens in Masuren, 1443 von Hochmeister Konrad von Erlichshausen als Zinsdorf »Neudorf« gegründet, finden wir 1507 erstmals als Arys erwähnt. Eine Straßensiedlung an der Handelsstraße Rastenburg – Warschau, bei der 180 Meter Straße zugleich als Marktplatz dienten, erhielt 1721 von Friedrich Wilhelm I. die Handfeste. 1530 war eine Kirche aus Feldstein erbaut worden, in der die Pfarrer bis 1702 nur masurisch predigten. Die Stadt wurde im Siebenjährigen Krieg von den Russen besetzt, 1826 durch Brand zerstört.

141 LYCK, die Hauptstadt Masurens am Lycker See, hatte 1398 bereits eine Ordensburg auf der See-Insel. Sie brannte ab, doch Hochmeister Friedrich von Meißen baute sie als »Schutz gegen Polen« 1497 wieder auf und befestigte sie stark. Die Fischersiedlung »Zu Likke« erhielt 1425 eine Dorf-Handfeste. Obwohl 1534 als Stadt erwähnt, verdankt sie ihre Privilegien und Handfeste dem Großen Kurfürsten. Mehrfach wüteten in der Stadt Tataren. 1850 erstand die neugotische Kirche, 1853 die dem heiligen Adalbert geweihte katholische Kirche. 1926 wurde in Lyck Siegfried Lenz geboren.

142 Zur Erinnerung an die VOLKSABSTIMMUNG, die auf Grund des Versailler Diktates am 11. Juli 1920 in dem westpreußischen Abstimmungsbezirk Marienwerder und dem ostpeußischen Bezirk Allenstein durchgeführt wurde, errichteten die betroffenen Kreise Denkmäler oder Gedenksteine, wie diesen Findling im Kreise Lyck. In Marienwerder und Allenstein hatten Interalliierte Kommissionen ihren Sitz. Alle Personen männlichen wie weiblichen Geschlechts, die bis zum 10. Januar 1920 das 20. Lebensjahr vollendet hatten und entweder im Abstimmungsgebiet wohnten oder dort geboren waren, durften an der Abstimmung teilnehmen. Obwohl die Mehrheit »für Ostpreußen« – wie es auf dem Stimmzettel hieß – bereits durch die Eingesessenen gesichert war, kamen aus allen Teilen des Reiches ohne Rücksicht auf Alter, Beruf, Bekenntnis und Partei Abstimmungsberechtigte in den Osten; 160 000 beförderte allein der »Seedienst Ostpreußen«. Es stimmten im Bezirk Marienwerder 92,28 v. H., im Bezirk Allenstein 97,8 v. H. »für Ostpreußen«. Die Interalliierten Kommissionen verließen bald darauf das Land.

143 Nicht alles, was auf den ersten Blick alt anmutet, ist wirklich alt. Wer durch Ost- und Westpreußen fährt, wird vielen Gebäuden begegnen, die aus roten Ziegeln erbaut sind. Vor manch einem wird er sich die Frage stellen, ob es wohl aus früheren Zeiten stammt. Und kommt er wirklich zu dem Ergebnis, es sei der Fall, so wird er sehr bald erkennen, daß nicht jeder mittelalterliche Backsteinbau vom Deutschen Orden herrührte. Auch die Städte, die Bischöfe und Domkapitel der vier Bistümer Ermland, Pomesanien, Samland und Kulm haben Schlösser und feste Häuser gebaut, die die Zeiten gut überstanden oder hervorragend restauriert wurden. So ist auch dieser masurische HOF-BRUNNEN, ein wahrer Prachtbau seiner Art, jüngster Herkunft. Den »neuen Hofbrunnen« haben ihn die Masuren selbst genannt, und das pfannengedeckte Dach auf dem Gebäude im Hintergrund hilft gewiß dabei, ihn zeitlich einzuordnen. Immerhin, etwas vom Geiste früherer Zeiten ist hier lebendig und vom Sinn dieser Menschen für Gottesgaben. Wie sie Gott »große« Häuser bauten, so bauten sie auch dem Wasser einen »Brunnenpalast«.

144 In Marggrabowa, der Markgrafenstadt im Kreis Oletzko, empfing Herzog Albrecht von Brandenburg 1560 in seiner Jagdbude am See seinen Vetter König Sigismund II. August von Polen. Als Erinnerung an diese Begegnung gründete jeder von ihnen in seinem Lande eine neue Stadt: der Herzog Marggrabowa, der König Augustowo. Als Dank für die Treue und das einstimmige Bekenntnis zu Deutschland in der Volksabstimmung von 1920 wurde der Name der Grenzstadt 1928 in TREUBURG geändert. Die Stadt hatte (1939) 7114 Einwohner; sie besaß den »größten Marktplatz«.

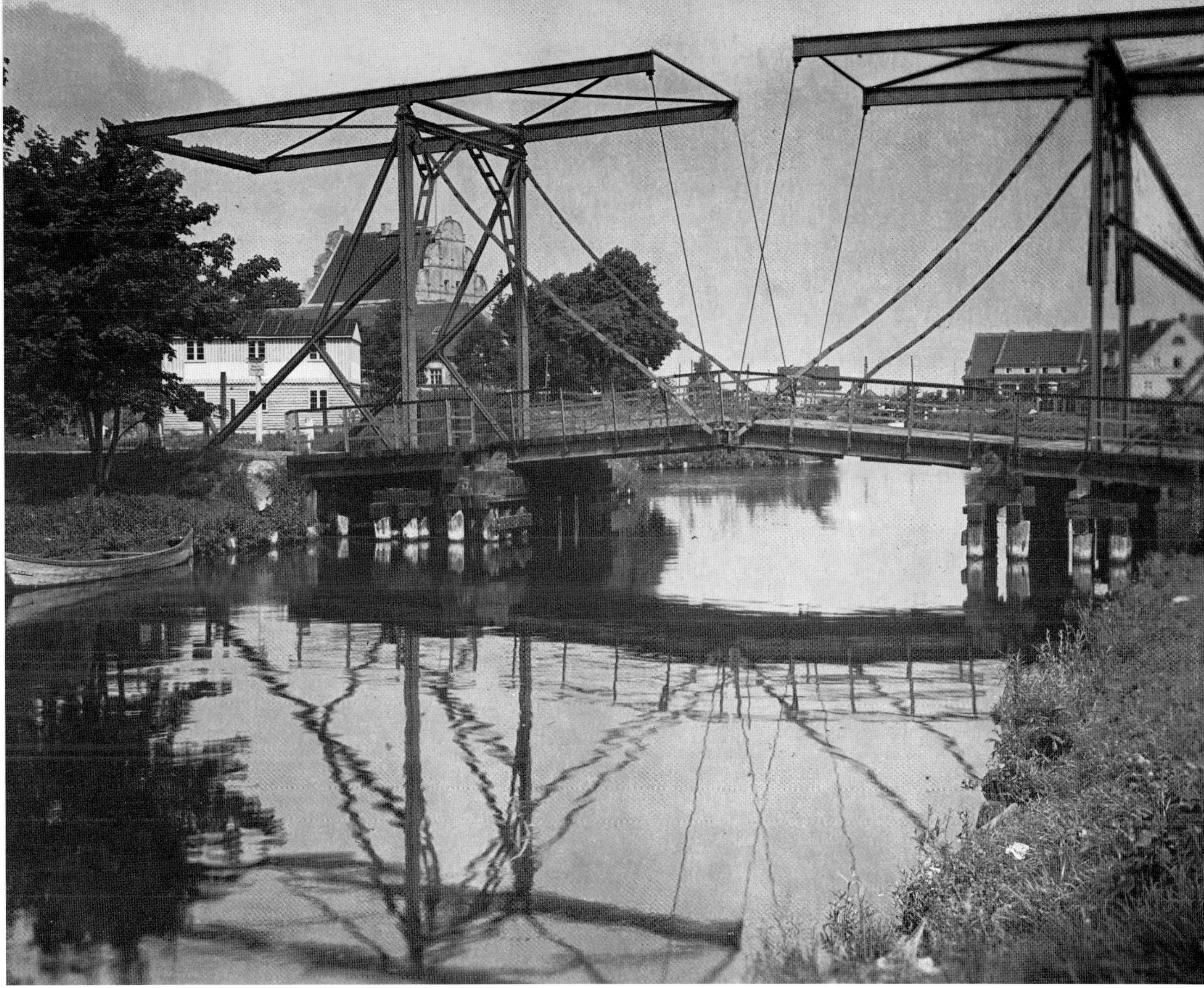

145 Auf einer Landenge, die den Löwentinsee vom Mauersee trennt, erbaute der Deutsche Orden 1340 die Burg LÖTZEN, in die ein Pfleger des Ordens einzog. Letzte Gestaltung erfuhr sie 1614. In der herzoglichen Zeit war dort das Hauptamt des Kreises Natangen untergebracht. Die Siedlung um die Burg hieß ursprünglich Neuendorf; Herzog Albrecht Friedrich erhob sie 1573 zur Stadt. 1844 legte General von Boyen den Grundstein zu einem Festungswerk. Im Ordensschloß bezog der Kommandant Wohnung. 1827 erbaute man nach Plänen Schinkels die evangelische Kirche.

146 Im Land der dunklen Wälder stehen Riesen: Tausendjährige – allein die Napoleonseichen, die Buchen mit mehrmeterdickem Stamm. Urwaldhaft mutet zuweilen ein Waldstück an, man wird an die große Wildnis im Süden und Südosten des Pruzzenlandes erinnert. Wer denkt nicht beim Anblick dieser KÖNIGE DER NATUR an das Gedicht, das ihnen gewidmet ist:

O Gott, ein Baum sein und nur stehen, / nichts tun als stehen, still sich neigen, / und lauschen nach des Windes Wehen, / nur lauschen, beten und dann schweigen.

O Gott, ein Baum sein und das Licht, / das sprüht, wie ein Klavier bespielen; / und dann am Abend ein Gedicht / sein, fromm sein und den Abend fühlen.

O Gott, ein Baum sein und Musik, / auf tausend Blättern Silber sprühen, / zum Himmel streben und Musik / sein, nur Musik und singend blühen.

Und nichts als Baum sein, immer Baum, / am Morgen, Mittag, Abend starren, / geheimnisvoll und in dem Traum / von lauter Baum-sein still verharren.

147 Kräftige Holzstämme wurden in den Wäldern um Rominten – in der Rominter Heide und in dem bekannten Jagdrevier – gefällt und der Bearbeitung zugeführt. Im Sommer wie im Winter zogen die Fuhrleute frühmorgens hinaus, um am Nachmittag schwer beladen heimzukehren. Kräftige Pferde durften die Lasten zur nächsten Sägemühle oder später zur Verladung zum nächsten Güterbahnhof bringen. Hier wurde das »Ermländerpferd« bevorzugt, das an Ausdauer und Zugkraft dem »Trakehner« überlegen war. Der Holzhandel blühte zu jeder Zeit im »Land der dunklen Wälder«.

148 Seit altersher wurde in Masuren neben dem Fischfang die HOLZFLÖSSEREI betrieben. Schon die Prussen nutzten die Stämme der zahlreichen Kiefern und Fichten, die in den Wäldern zwischen den Seen zu stattlicher Länge und Dicke heranreiften. Der Holzhandel blühte; und da die Holzverarbeitung nur an einzelnen Stellen seßhaft geworden war, flößte man die überzähligen Baumstämme ins Innere des Landes, ja, bis zur Ostsee hin. Zu diesem Zweck sollte der Masurische Kanal gebaut werden, der lange Zeit in der Planung stecken blieb und noch nicht die Vollendung fand.

149 Nicht zu Unrecht nannte man die Insel UPALTEN im Mauersee das »masurische Paradies«. Hier soll nach einem Bericht des Angerburger Pfarrers Helwig um die Wende zum 18. Jahrhundert eine pompös ausgestattete, nach den Regeln moderner Baukunst errichtete Villa gestanden haben, östlich davon ein aus künstlich zusammengefügten Baumstämmen errichtetes Wirtshaus, dessen Wände große Spiegel bedeckten. Später wurde die Insel als ein Ort der Ruhe und des Friedens erwähnt, in völliger Abgeschiedenheit vom Treiben ringsum. 1918 stand auf ihr ein einfaches Wirtshaus – und in einem Reiseführer hieß es: »Sonst durchbricht nichts die feierliche Stille des lieblichen Haines als das Lispeln des Laubes, der Gesang zahlreicher Vögel, die hier nisten, und dann und wann das Krächzen eines Fischreihers, der auf den Spitzen der hochsteigenden Bäume sich eine ungefährdete Heimstätte gebaut hat, von wo aus er mit regem Eifer der Jagd nach den befloßten Bewohnern des Wassers obliegt.« Neben dem Reiherhorst gab es auf der Insel das »einsame Grab«, den »Ulmendom« und die »Roseninsel«.

150 Der NIEDERSEE, südlichster der großen masurischen Seen, gilt als die Perle der masurischen Seenkette. An seinen ansteigenden Ufern stehen hochstämmige Kiefern. Aus dem kristallklaren blauen Wasser steigen kleine Inseln auf, die mit niedrigem Buschwerk bewachsen sind. In Hufeisenform zieht sich der See durch die Johannisburger Heide. Die mächtige Bucht bei Kurwien wird vom Volksmund der Samozdeysee genannt. Von Rudczanny aus kann man den See auf einer Bootsfahrt oder mit einem der kleinen Dampfer umfahren. Der Ausflug erstreckt sich über mehr als 25 km.

151 Der MAUERSEE, der zweitgrößte der masurischen Seen, liegt zwischen Angerapp und Lötzen und setzt sich aus zehn Teilseen zusammen, denen die Bevölkerung eigene Namen gab: Angerburger See, Kleiner Mauersee, Pristaniensee, Kirzainensee, Dargainensee, Angerburger Kissainsee, Doberscher See, Lötzener Kissainsee. Ob diese Teile einmal Seen für sich waren, weiß man nicht. Vielleicht ergibt sich aus der Mehrfachbenennung der Seen die Erklärung der großen Anzahl der Seen, die Masuren sein eigen nennt. Der Wasserspiegel aller dieser Seen ist in etwa gleich, bei den nördlicher gelegenen ist er etwas tiefer als bei den südlichen. Hochmeister Winrich von Kniprode soll 1379 bei seiner Mauerseefahrt befohlen haben, die Höhe der Seen um eine Lanzenlänge anzustauen. Viele Inseln liegen im Mauersee: Die schönste ist Upalten, das masurische »Helgoland«. Im Kirsaitsee liegen Wittfong und die Kirsaiteninsel, im Doberschen See Silm, im Kissainsee Kernussa. Auf allen Inseln nisten Vögel. Über den See erheben sich der sagenumwobene Kanopkeberg, auf dem der Teufel gehaust haben soll, und der 149 Meter hohe Galgenberg.

152 Im klirrenden Frost des ostpreußischen Winters trafen sich die Sportler zum Eissegeln auf dem SCHWENZAITSEE bei Angerburg. Hier wurden alljährlich die Meisterschaften ausgefochten. Wie bei den Segelregatten im Sommer bot sich ein prächtiges Bild: der zugefrorene See, meist mit einer hauchdünnen Schneedecke, die Wälder ringsum hinter den leicht ansteigenden Ufern und auf der weiten Fläche die zahlreichen Segelschlitten. Reges Leben ringsum, Rüsten zur großen Wettfahrt des Jahres. Ein edler Sport, der hier betrieben wurde und stets zahlreiche Freunde herauslockte.

153 In einer Zeit, da die Tiefgefriertechnik noch nicht erfunden war, mußten Fischer im Winter zu den Seen hinausziehen, um dort dem EISFISCHEN nachzugehen. Viereckige Blöcke wurden aus der Eisdecke gesägt und mit Netzen geborgen, um sie an Land zu bringen und, zwischen Sägemehl aufbewahrt, ihrer Verwendung zuzuführen, insbesondere den Brauereien, derer es eine Menge gab. Auch der Fischfang ruhte im Winter nicht. Wunen schlug man in die Eisdecke und fischte unter dieser. Sowohl für die Eisfischer als auch die Winterfischer war der Winter kein Vergnügen.

154 Die Vielzahl der masurischen Seen ließ eine Binnenfischerei aufkommen, wie man sie sonst nirgends antreffen konnte. Zuerst einmal mußte der eigene Bedarf der Bevölkerung gedeckt werden. Und der war beachtlich. Fisch war in Ostpreußen ein sehr beliebtes Gericht. Er wurde nicht nur am Freitag gegessen, wenn das Abstinenzgebot der Kirche den Fleischgenuß verbot. In weiten Bevölkerungskreisen verfehlte dieses Gebot seinen Zweck, denn gerade das Fischgericht bildete hier ein wahres Festessen. Die Binnenfischerei unterschied sich: Es gab Fluß- und Seen- oder Teichfischerei. Fische aus fließenden Gewässern waren besonders beliebt. In den Seen wurden Hechte, Aale, Barsche, Karauschen, Plötze gefangen, die überall auftraten. Berühmt waren die Stinte aus dem Spirdingsee, die Nahrung des kleinen Mannes, die Maränen aus dem Talter Gewässer, die in Nikolaiken, frisch geräuchert, die Delikatesse auf der Fischplatte bildeten. Aus dem Löwentinsee holte man zuweilen Welse. Des Fischers wichtigstes Werkzeug war das NETZ. Er widmete ihm jede Freizeit, um es instand zu halten, denn davon hing der Fang ab.

155 Das EINHOLEN DER NETZE war die schwerste Arbeit beim Fischfang, besonders dann, wenn sich der »Fischgott« als gnädig erwies und die Fischer bereits beim ersten gemeinsamen »Anziehen« merkten, welch eine »Last« es zum Kahn oder zum Ufer zu bringen galt. Die Binnenfischerei auf der masurischen Seenplatte war meist Gemeinschaftsarbeit, durch die sich der Ertrag wesentlich steigern ließ. Besonders schwierig war die Fischerei in moorigen Gewässern, wo der Schlei und der Karpfen hausten. Wesentlich einfacher hingegen waren Teichfisch- und Krebsfang.

156 Hochseefischerei in den Gewässern nördlich des Samlands wurde besonders von der Kurischen Nehrung aus betrieben. Zum begehrtesten Fang zählten der Lachs, der Dorsch, die Flunder und der Breitling. Die Küstenfischer brachten vorwiegend Flundern ein, die in Cranz und Sarkau, frisch geräuchert, den Kurgästen angeboten, aber auch ins Innere des Landes hinein verkauft wurden. Die HAFF-FISCHEREI galt hauptsächlich dem Aal, dem Zander, dem Bressen. Damit die Netze beim Trocknen in der prallen Sommersonne nicht brüchig wurden, pflegten die Fischer sie zu teeren. Netze mußten haltbar gemacht und gehalten werden, denn sie waren der wichtigste Besitz des Fischers, ihre Anschaffung bildete oft ein finanzielles Problem. Der gesamte Fischhandel vollzog sich im Lande wie an den Küsten auf den Fischmärkten, die zuweilen dem Wochenmarkt angegliedert waren. Es war ein Kleinhandel direkt zum Konsumenten hin, ehe später besondere Fischläden in den Städten eingerichtet wurden. Die Ostpreußen wollten ihren Fisch »frisch gefangen« haben.

157 Auf Anordnung König Friedrich Wilhelms I. wurden 1732 die zerstreut liegenden Gestütabteilungen der Staatsdomänen zum »Königlichen Stutamt TRAKEHNEN« zusammengefaßt, um eine einheitliche Zucht zu ermöglichen. Es entstanden mustergültige Einrichtungen für Aufzucht und Auslese des Trakehner Pferdes. Das Hauptgestüt bestand aus einer Reihe von Höfen mit Wirtschaftsgebäuden, Stallungen und Wohnungen. Das Wohnhaus des Landstallmeisters erhielt den Namen »Schloß Trakehnen«, von außen einer turmlosen Kirche gleich. Dahinter lag die ausgedehnte Reitbahn.

158 »Hier ist Trakehnen«, lesen wir bei Rudolf G. Binding, »die Natur selbst hat ihren Geschöpfen das Land als Heiligtum geschenkt, und die Pferde haben es sich als ihren geweihten Bezirk erobert. Das Pferd ist das Zeichen des Landes, ist das markanteste, das zeugnishafteste Lebewesen der Scholle.« Und so zeichnet Binding den TRAKEHNER HENGST: »Der gewaltigste Hengst, der Herrschsüchtigste in den weiten Bezirken des Heiligtums der Pferde, schreit über das Land. Hier fühlt er sich eingesetzt. Sein Schrei macht die Erde erzittern, und mit der Erde zittert der gewaltige Leib des Tieres, als sei er ein einziger Schrei. Von den geweiteten Nüstern, dem Funkengestiebe der Augen bis in den fließenden Strom des Schweifes, von der zitternden Stirnsträhne bis in die runden vibrierenden Hufe auf dem mittönenden Graswuchs der Erde, von dem Wellengewoge des stählernen Halses mit dem aufblitzenden Wellenkamm der Mähne, die in der Sonne brandet, bis über den vom Gewieher tanzenden Rücken zu bebenden Lenden und Schenkeln schreitet ein König über das Land.

159 Ein FOHLEN tummelt sich im Gras, während seine Eltern ein paar Schritte weiter auf der Weide grasen. Aus dem Jungtier, das wie alle Kinder spielt und träumt, wird einmal ein Pferd, an das höchste Anforderungen gestellt werden. Wird es als Reitpferd dienen, vor einen Landauer gespannt, übers Land fahren, an spitzen Straßensteinen seine Hufe verletzen? Wird es einer Kutsche vorgespannt werden, die einen Täufling zur Kirche bringt, oder mit schwarzer Schabracke einen Trauerzug eröffnen? Vielleicht wird es auch einem Turnierreiter gehorchen, auf Olympiaden Lob ernten.

160 PFERDEKOPPELN auf den Weiden – das war einmal das gewohnte Bild, das sich dem Auge bot, wenn man ins Innere des Landes kam, wie in den Kreis Ebenrode, in dem der Trakehner zu Hause war. Stolz trugen die schlanken Tiere das Brandzeichen, das sie beim Stamm der Trakehner auswies: die siebenzackige Elchschaufel. Sie waren die »Brüder der Elche«. Durch ihre Zähigkeit und Ausdauer retteten sie am Ende des Zweiten Weltkriegs vielen Flüchtenden das Leben. Trakehnen ist heute Rindvieh-Kolchose. Der Trakehner und seine Zucht leben in Liesken bei Bartenstein fort.

161 Die ROMINTER HUBERTUSKAPELLE, 1893 aus den kräftigsten Stämmen der Rominter Heidekiefern erbaut, war in Gegenwart der Kaiserin eingeweiht worden. Sie gehörte zum Jagdhaus Rominten, das Wilhelm II. 1891 in seinem kaiserlichen Hofrevier auf dem Steinufer der Rominte aus rotgebeizten Stämmen von norwegischen Handwerkern und Arbeitern im norwegischen Stil hatte errichten lassen: einstöckig der Mittelbau, die Flügel zweistöckig mit Balkon und Veranda. Arbeits- und Wirtschaftsgebäude im skandinavischen Stil folgten in den nächsten Jahren; die Brückenköpfe im Wald wurden mit geschnitzten norwegischen Drachenköpfen verziert. Die Hubertuskapelle glich einer Stabholzkirche. Prinz Friedrich Karl von Preußen hatte Rominten, das früher Teerbude hieß, entdeckt. Nach 1918 wurde es Staatsjagdrevier, bedeutend durch die Geweihe der dort erlegten Hirsche. Auf einer Anhöhe befand sich ein Aussichtsturm, von dem man einen Überblick über die Rominter Heide hatte. Im Zweiten Weltkrieg, im Oktober 1944, ist Rominten abgebrannt. In der Erinnerung lebt es fort.

162 Das Land südlich GOLDAP, der Stadt der Tuchmacher, Hutmacher, Strumpfwirker, Gerber und Bäcker, erhebt sich bis zu 272 Metern. Früher war es ganz bewaldet, später traten schroffe Granitabhänge hervor. Hier hat es zu prussischer Zeit bereits Befestigungsanlagen gegeben. Der Volksmund nannte den Goldaper Berg Goldaper Kalender, da bei Wetterumschlägen von ihm Nebel aufstiegen. 1887 beobachteten Astronomen hier eine totale Sonnenfinsternis. Um Waldseen herum und in Mooren, die das Gebiet weitgehend bedecken, trifft man zuweilen sehr seltene Pflanzen an.

163 Auf dem linken Angerapp-Ufer lag das Dorf Dargekyem, 1539 erwähnt, 1615 mit Krug und Kirche beliehen. Schultheiß Unfried entwarf die Anlage um den dreizehn Morgen großen Markt, der Friedrich Wilhelm I. 1725 das Stadtrecht verlieh. Gerber und Tuchmacher lebten in DARKEHMEN, unter ihnen viele Franzosen. Jeder dritte Bewohner war Salzburger Herkunft. Nach den Befreiungskriegen blühte hier die Pferdezucht. Die Kreisstadt erhielt 1880 bereits eine elektrische Straßenbeleuchtung. Im Ersten Weltkrieg zerstört, blühte sie unter der Patenschaft Dresdens auf.

164 In dem waldartigen Park seines ererbten Besitzes BEYNUHNEN im Kreis Angerapp ließ Fritz von Fahrenheid, ein Nachkomme des Kriegsrats von Fahrenheid, der die Erbuntertänigkeit der Bauern aufgehoben hatte, das Gutshaus von 1862 bis 1864 von Albert Wolff zu einem Schloß in klassischen Formen umbauen, um darin seine Kunstsammlungen unterzubringen: 250 Abgüsse antiker Plastiken, römische Originale, 270 Gemälde, darunter 60 Originale aus dem 16. bis 18. Jahrhundert. Der überaus gepflegte Park erhielt reichen Figurenschmuck, darunter einen dorischen Tempel.

165 Friedrich Wilhelm I. gab 1721 die Anordnung, GUMBINNEN zur Stadt zu erheben. 1724 war das Gründungsjahr der Altstadt, 1727 der Neustadt, beide nach Plänen des Joachim Ludwig Schultheiß von Unfried »straff preußisch geordnet«. Aus neuen Behörden, die der König in die Stadt legte, ging 1736 die Kriegs- und Domänenkammer Gumbinnen hervor, von 1816 an Königlich-Preußischer Regierungsbezirk genannt. Die Einwohnerzahl verzehnfachte sich seit Gründung der Kammer. Bedeutendste Kammerpräsidenten waren Johann Fr. von Domhardt und Theodor von Schön.

166 Bis 1938 hieß die Kreisstadt im Regierungsbezirk Gumbinnen Stallupönen; dann wurde sie in EBENRODE umbenannt. An der Landstraße nach Litauen, zehn Kilometer vor der Grenze, 1539 als Marktflecken mit neun Höfen angelegt, erhielt sie 1585 die erste Kirche. Friedrich Wilhelm I. siedelte, nach der Pest, Nassauer, Franken und Schweizer an und erhob den Flecken 1722 zur Stadt. 1732 siedelten hier Salzburger. Bis dahin fanden am Himmelfahrtstag Litauer-Wallfahrten zu einem steinernen heidnischen Opfertisch statt. Napoleon verließ Stallupönen als letzte deutsche Stadt.

167 Die Kreisstadt SCHLOSSBERG im Regierungsbezirk Gumbinnen war bis 1938 mehr unter ihrem litauischen Namen Pillkallen bekannt. 1580 erhielt das Kirchdorf Marktverkehr. Die Stadtrechte wurden ihm von Friedrich Wilhelm I. 1725 zugesprochen. Schultheiß Unfried entwarf den Stadtplan als Marktsiedlung. 1914 zerstört, kam es mit Hilfe der Patenstadt Breslau bald zum Wiederaufbau. Zwei Getränke-Namen sind mit dem der Stadt eng verbunden: die Pillkaller Spätlese, ein Kavalleristenschnaps wie auch die Pillkaller Stutenmilch, heißer Arrak mit viel Zucker und Schlagsahne.

168 Am frühen Abend oder bei aufziehendem Unwetter beißen die Fische am besten an, hörte man die Angler oft sagen, die sich nicht stundenlang ans Ufer setzten, sondern einsam auf ihrem Kahn hinausfuhren und ihre Köder auswarfen. Wie dieser einsame INSTERFISCHER sind wohl schon die alten Prussen zum Fischfang ausgezogen – natürlich ohne Hut und Pfeife! –, um dem Quellfluß des Pregels, der Inster, die damals noch Instrud hieß, seinen lebendigen Reichtum zu entlocken. Die Inster entspringt beim Willuhner See, durchfließt die Große Plinis, kommt an Skaticken vorbei und vereint sich nach hundert Kilometer weitem Lauf bei Georgenburg mit der Angerapp. Da klingt viel Prussisches an. Doch wie hier ging und geht es auf allen Flüssen und auf vielen Seen zu. Das Land, an Seen und Wasser so überreich, ist auch mit Fischen gesegnet. Barse, Hechte, Plötze, Aale, Schleie und wie sie alle heißen, sind hier zu Hause. Und nicht nur die Fischer stellen ihnen nach. Der »Sonntagsangler« hat seinen Teil daran, auch Bauern und Kätner, die sich eine Mahlzeit aus dem naheliegenden Gewässer holen.

169 INSTERBURG an der Angerapp erhielt 1336 anstelle der 1256 zerstörten Prussenburg Unsatrapis unter Dietrich von Altenburg die Instirburg als Sitz eines Ordenskomturs und Konvents, später eines Pflegers. Hier weilte Herzog Albrecht III. von Österreich, als er das Ordensland besuchte; hier war 1390 Graf Heinrich Derby, der spätere König Heinrich IV. von England, zu Gast. In der Burg sammelten sich die Litauenfahrer des Ordens; 1457 wurde sie teilweise zerstört, um 1500 erweitert aufgebaut. Ab 1525 war Insterburg Hauptamt. 1642 weilte hier Königin Maria Eleonore.

170 KURENKÄHNE am Haff vor LABIAU. Zum Schutz Königsbergs und des Samlands war gleich nach dessen Eroberung die Burg Labiau angelegt worden, die die Schalauer niederbrannten. An ihrer Stelle entstand eine steinerne »Wasserburg«, die als uneinnehmbar galt. Die Furcht, Feinde könnten über das Kurische Haff eindringen, war damit genommen; im Schutze der Burg konnte sich die Stadt Labiau entwickeln. Am Haffufer ließen sich Fischer nieder. Sie fuhren mit ihren Kurenkähnen zum Fischfang aufs Haff hinaus. Diese Kähne waren dunkel und schwer, im Gegensatz zur Lomme, die die Fischer am Frischen Haff zum Fischfang benutzten. Kennzeichen der einzelnen Kähne waren die bunten Kurenwimpel, von den Fischern an langen Winterabenden geschnitzt, mit den verschiedensten Motiven geziert: Haus, Kirche, Tor, Turm, Tiere der Landschaft, Pferd, Reiter, Schiffe. Farbe und Muster des Mittelschildes verrieten die Herkunft des Bootes. Die Fischer um Labiau waren stolz auf ihre Wimpel, waren sie doch Zeugnis einer bewegten Geschichte.

171 »Einen Ragniter machen«, heißt: einen Verbrecher zur Zwangsarbeit verurteilen, seit zwischen 1397 und 1409 Meister Nikolaus Fellenstein, Baumeister an der Marienburg, das steinerne Haus an der Memel mit Strafgefangenen errichtete. Die 1460 entstandene Siedlung wartete auf ihre Erhebung zur Stadt wegen der Niederlage des Ordens bei Tannenberg bis 1722. Im Schatten des mächtigen Tilsit lebten die Bürger vorwiegend von der Holzindustrie. Die Stadt brannte 1807 fast völlig ab, 1829 fiel auch die Burg den Flammen zum Opfer, die, aufgebaut, in ein Gefängnis umgewandelt wurde.

172 Am Südufer der Memel liegt TILSIT, Zentrum des Holzhandels und der Holzindustrie. Seit 1525 der Handel mit Litauen aufblühte und Tilsit bald darauf das Stadtrecht erhielt, ging es wirtschaftlich aufwärts. 1833 führte die Poststraße von Berlin nach St. Petersburg hier entlang; 1865 erfolgte der Anschluß ans Bahnnetz, 1875 der Bau der Eisenbahnbrücke. Als Ersatz für die alte Schiffsbrücke von 1767 entstand 1907 die »Königin-Luise-Brücke«: Erinnerung an die geliebte Königin, letztmals in der Stadt, als sich Napoleon, Alexander I. und Friedrich Wilhelm III. trafen.

173 Wo 1365 die Burg Splitter stand, gründete der Deutsche Orden 1407 die Burg Tilse, um die sich bald eine Handwerkersiedlung festigte. Die Burg war Sitz eines Ordenspflegers; die Bewohner der Siedlung waren meist Schalauer. 1598 bis 1612 entstand die Lutherkirche, deren Turm 1695 bis 1699 folgte. Das barocke RATHAUS baute man 1752 bis 1755, zwei Jahre danach war die Landkirche an der Reihe, auch die litauische Kirche genannt. Eine katholische Kirche erhob sich 1847, eine reformierte 1898. Auf dem Vorplatz des Rathauses stand später Engelkes Max-von-Schenkendorff-Denkmal.

174 Die ersten Käsereien gab es bereits in der Ordenszeit. Siebzehn Ortschaften wurden zeitweise als »Milchbude« bezeichnet. Die holländischen Mennoniten und Salzburger, die im Lande siedelten, brachten Rezepte für die Käsezubereitung mit. Bis zu Beginn des vergangenen Jahrhunderts stellten bäuerliche Betriebe und Käsereien den Käse nach eigenen Rezepten her. Der bekannte TILSITER KÄSE wurde nach Rezepten in den Kreisen Tilsit, Ragnit, Preußisch Holland und Elchniederung zubereitet. Ab 1840 gab es in Tilsit eine Käsefabrikation; seit 1845 eine Käse-Milchbude. Sie war die Geburtsstätte des Tilsiter Käses. Später ging sie an die Tilsiter Molkereigenossenschaft über, bei der die Bauern ihre Milch ablieferten. Die Käsereibesitzer um Tilsit gründeten den Verband der Tilsiter Käsefabrikanten. 1926 gab es einen »Verein zur Förderung der Milchwirtschaft«, 1928 wurde in Saußeningken im Kreis Elchniederung eine Lehranstalt für Tilsiter Käserei eröffnet. Bei der »Ostschau« 1938 wurden 46 Preise für gute Herstellung von Tilsiter Käse vergeben.

175 »De Oadeboar« war der Freund aller ostpreußischen Kinder. Wenn die stelzbeinigen, langhalsigen Vögel mit den langen roten Schnäbeln, mit denen sie so laut klappern konnten, im Frühjahr aus ihren ägyptischen Winterquartieren heimkehrten, zog die Jugend, oft in ganzen Schulklassen, zum nächstgelegenen STORCHENNEST, um sie daheim zu begrüßen. Die Störche, die sich von Fröschen und Insekten nährten, ließen sich bevorzugt über feuchtem Boden nieder; sie kehrten stets zu ihren alten Nestern zurück, oft wahre Kunstwerke: über einem Wagenrad oder »selbstgebaut« auf den Dächern oder auf einem Telegrafenmast an der Landstraße von Königsberg nach Tilsit. Das Land der tausend Seen war die Heimat des weißen Storches, während der seltenere schwarze, bis zu zwanzig Jahre, den Norden der Provinz bevorzugte. Das Füttern der Jungen im Nest war eine »Attraktion«. »Storch, Storch, guter, bring mir einen Bruder; Storch, Storch bester, bring mir eine Schwester«, sangen die Kinder. Wo der Storch sich niederläßt, herrscht Friede und Eintracht, hieß es.

176 In ländlichen und kleinstädtischen Haushaltungen, die es in der Niederung fast ausschließlich gab, wurde alles, was man an Kleidung und für das Haus an Leinen und Wollstoffen brauchte, von den Frauen an langen Winterabenden selbst gewebt. Man begnügte sich dabei nicht mit einfarbigen oder einfachen Webarbeiten, sondern stellte zuweilen recht kunstvolle Stücke her. Bestimmte Muster kehrten auf den Bändern wieder, die als Borde oder zur Zierde hergestellt wurden. Hierzu bedienten sich die Frauen besonderer KÄMME ZUM BANDWEBEN, die aus Holz geschnitzt und verziert waren.

177 An der Mündung des Karkelstroms im Kreis Elchniederung liegt das wohlhabendste Dorf am Kurischen Haff: KARKELN. Zur Zeit des Hochwassers bildet es nicht allein, sondern jedes einzelne Haus eine Insel, die nur mit einem Kahn erreichbar ist, den hier jeder Einwohner besitzen muß, will er seiner Arbeit nachgehen, dem Ackerbau auf den umliegenden Wiesenflächen oder dem Haffischfang. Hier gab es einen regen Verkehr und gut besuchte Wochenmärkte. Man mußte im Sommer und im Herbst Vorsorge treffen, denn im Winter bildete das ganze Haff eine einzige Eisfläche.

178 Die großen Fortschritte in der Fischerei, vom Fang bis zur Fischkonservierung hin, sind eine Errungenschaft des zwanzigsten Jahrhunderts. Bis dahin ging alles im »Handbetrieb«; auf den kleinen Fischerdörfen noch weit darüber hinaus. So wurden die gefangenen und zur Verarbeitung vorbereiteten Fische auch auf den Höfen selbst geräuchert. Tannenzapfenfeuer waren sehr beliebt, der Rauch wirkte sich auf den Geschmack der Fische aus. Die Fische wurden gesäubert und zum Trocknen aufgehängt, ehe es in die RÄUCHERGRUBE ging, die die Fischerfrauen betreuten.

179 SARKAU, in unmittelbarer Nähe von Cranz, der südlichste Ort auf der Kurischen Nehrung, war wegen seiner fetten Flundern bekannt. Obwohl der Volksmund von den Cranzer Flundern sprach, konnten die siebenhundert Sarkauer stolz auf ihre Fänge sein. Die Flundern, bis zu 45 Zentimeter lange Plattfische aus der Familie der Schollen, wurden an Leinen getrocknet oder in Räuchergruben über Tannenzapfenfeuern geräuchert und den Feriengästen frisch zum Verzehr angeboten. Sarkau war 1569 als Kirchdorf bekannt; von hier konnte man auf die Nehrung wandern.

180 Wer da glaubt, für die Kinder, die im Ostseebad Cranz lebten, sei das ganze Leben eine große Ferienzeit gewesen, der irrt ganz gewaltig. Von klein an wurden die FISCHERKINDER mit der harten Arbeit vertraut, sei es, daß sie beim Trocknen und Ausspannen der Netze, sei es, daß sie beim Bergen und Verarbeiten des Fischfangs kräftig mithelfen mußten. Sommer und Winter, Herbst und Frühling an der offenen See gerbten schon früh ihre Gesichter, machten sie aber auch gegen Krankheiten immun und härteten sie weitgehend ab. Die Älteren mußten auf die Jüngeren achtgeben, manch eine Zehn- oder Zwölfjährige mußte die Stelle der Mutter übernehmen, denn die Erwachsenen waren, besonders in den drei Fischfangjahreszeiten und später in wachsendem Maße durch den Fremdenverkehr eingespannt. Traf man die Kinder im Dorf oder an der Küste, sah man immer in fröhliche Gesichter, aus denen aber auch ein gewisses Selbstbewußtsein und ein Früherwachsensein sprach. Für Schule und Spiel gab es gleich wenig Zeit, womit nicht gesagt sein soll, daß hier die Kinderarbeit blühte.

181 Preußens Geschenk an das Große Moosbruch war die Kartoffel; das Gegengeschenk des Moosbruchs an Preußen war die »blanke Kartoffel«. Sie schmeckte besser als alle bisherigen Kartoffeln und glich einer glosenden, herrlichen Frucht. Kein Wunder, wenn Skeptiker mißtrauisch wurden. Hatte man bei der ersten Kartoffelernte ja auch die »grünen Früchte« der Pflanze statt der Knollen auf den Tisch gebracht und Bauchschmerzen bekommen. Die Bauern im Moosbruch wußten Rat: Sie rieben die »blanken« Knollen mit Lehm ein und fuhren sie auf ihren EINSPÄNNERN zum Markt.

182 Im Kreise Labiau liegt das GROSSE MOOSBRUCH, größtes Moorgebiet Ostpreußens. Es umfaßt an die 125 qkm. Sein Untergrund liegt bis zu acht Meter tief. Hier wachsen das spitzblättrige Torfmoos, das Heidekraut, die Moosbeere, verstreut auch Pflänzchen vom kleinen Ampfer und dem kümmerlich vegetierenden Porst. Am reichsten ist die Pflanzendecke bei den kultivierten Teilen des Bruches. Im Moosbruch nistet der Kranich. Wo sich der feste Untergrund bis zur Oberfläche des Moores erhebt, entstanden kleine Dorfanlagen, die wie auf Inseln liegen. Von hier aus wird der Boden urbar gemacht. Die Bearbeitung des Bodens erfordert größte Mühe; die Moosbauern selbst müssen dies tun, da das Bruch nur von Menschenhand bestellt werden kann. Wenn im Frühjahr und Herbst Tauwasser und lange Regenzeiten das Bruch mit Wasser anfüllen, sind die Menschen von der Außenwelt weitgehend abgeschnitten, sie sehnen sich nach dem Sommer und der Sonne, die dann auf die Schutzlosen gnadenlos herabstrahlt. Der Strohhut ist für die Moorkultivierenden der einzige Schutz. Die Menschen sind oft still und in sich verschlossen.

183 Der ERNTEKAHN ist das einzige Fahrzeug, mit dem man im Großen Moosbruch die Erträge des kultivierten Bodens heimzubringen vermag. Ein idyllisches, farbenprächtiges Bild bietet sich beim Anblick eines solchen vollbeladenen Kahnes dem Fremden. Nur der Einheimische, nur der Sohn des Moosbruches, weiß, welche Mühe sich hinter dieser vollendeten Farbenpracht verbirgt, nur er weiß die Früchte des Bodens zu schätzen, die dieser dem Menschen keineswegs schenkt, die Stück für Stück dem befestigten Inselteil hart abgerungen werden müssen. Und doch sind diese Menschen auf ihre Weise glücklich, sie möchten auf ihr Moosbruch keineswegs verzichten. Sie führen hier ihr eigenes, autarkes Leben. Ihre Heimat ist für sie – und auch für den Fremden gewiß – eine Welt für sich, mit dem Leben und Schaffen der Bauern in den anderen Landschaften der Provinz kaum vergleichbar. Naturverbunden sind sie den alten Bräuchen und Gewohnheiten weitgehend treu geblieben. Sie sind genügsam, zufrieden mit dem, was ihnen ihre Heimat beschert, aber auch stolz auf das, was nur sie allein haben.

184 Noch im 16. Jahrhundert war die Kurische Nehrung von Wäldern bedeckt, die im Lauf der Zeit abgeholzt wurden. So bekam der Wind ein leichtes Spiel. Er konnte Sandhügel und Sanddämme aufwerfen. WANDERDÜNEN gefährdeten Menschen, Tiere und Behausungen, sie stiegen bis zu 60 Metern an. Agnes Miegel hat der Düne in ihrem Gedicht »Die Frauen von Nidden« ein Denkmal gesetzt: »Nun, weiße Düne, gib wohl acht: Tür und Tor sind dir aufgemacht. In unsere Stuben wirst du gehn, Herd und Hof und Schober verwehn.« So fraß die Düne ganze Dörfer.

185 Brackwasser der Mündungsarme der Memel bildeten das KURISCHE HAFF, das sich 90 km weit zieht und an der breitesten Stelle 45 km erreicht. Es führt vom Samland bis Memel, wo es im Memeler Tief in die Ostsee mündet. An der flachen Ostküste gehen Wasser und Land zuweilen ineinander über. Der Boden ist schilfig und schlammig, zumal in Höhe der Niederungen. Es gibt keine städtische Siedlung auf der Kurischen Nehrung, nur Fischerdörfer sind hier entstanden. Das Kurische Haff ist Durchzugsgebiet der Krähenschwärme; seine Menschen werden »Krähenbieter« genannt.

186 Das Dorf Rossitten auf der Kurischen Nehrung wird erstmals 1372 erwähnt und erscheint seitdem regelmäßig in den Wegberichten des Deutschen Ordens. Die hier erbaute Burg verlor allerdings bereits 1424 ihre Bedeutung. Wichtiger war der Möwenteich nahe beim Dorf; hier nisteten alljährlich Tausende Möwen, deren Eier sehr schmackhaft und daher auch begehrt waren. Es stellte sich bald heraus, daß die Vogelwiesen am Haffrand den Vögeln als ein beliebter Rastplatz auf ihren Flügen zum Süden dienten. Seit 1896 hatte der »Vogelprofessor« Johannes Thienemann hier sorgfältige Beobachtungen angestellt. 1901 hatte er die Gründung einer VOGELWARTE durchgesetzt, vorerst um die Tiere zu beobachten, ab 1903, um durch Ringversuche Näheres über ihre Flüge zu erfahren. Möwen, Krähen, Störche, Strandvögel, Schwalben, andere seltene Vögel wurden in ständiger Zusammenarbeit mit den Stationen auf Helgoland, der Schneekoppe, dem Brokken, der Zugspitze erforscht. 1908 wurde ein zweckentsprechendes Haus errichtet. Die Königsberger Universität nahm sich der Aufgaben an.

187 Auf den kurischen Friedhöfen findet man GRABDENKMÄLER aus der zweiten Hälfte des 19. Jahrhunderts in oft eigentümlicher Formung. Männliche und weibliche Verstorbene werden streng voneinander unterschieden, zuweilen selbst Kinder. Der Mann erhält ein Kreuz aus Eichen-, die Frau aus Espen-, »Arme« aus Tannenholz. Das Holz für den Mann soll von männlichen, das für die Frau von weiblichen Bäumen genommen werden. Geschweifte, verschnörkelte Holzscheiben werden auf einen Pfahl gesetzt oder mit diesem aus einem Stück gearbeitet, die als Aufschrift den Namen des Toten und das Sterbejahr tragen. Nach der Spitze oder nach unten zu sind sie verziert. Die Holzscheiben sind bunt bemalt, meist blau mit roten oder gelben Blumen geschmückt. In Nidden sind die Kreuze an Mädchengräbern überdacht, am Kurischen Haff ist auf die Kreuzspitze eine runde Holzscheibe gesetzt, an der sich Brettchen oder Vögel bewegen. Im Memelland steht das Kreuz meist am Fußende, in Gilge am Kopfende. Die Abwandlungen lassen auf Stammesverschiedenheit schließen.

188 An der Dangemündung liegt die Stadt MEMEL, 1253 als Gemeinwesen im Schatten der Mümmelburg entstanden und mit lübischem Stadtrecht ausgerüstet. Teils gehörte sie dem Bischof von Kurland, teils dem livländischen Schwertbrüderorden. 1457 wurde die Stadt von den Danzigern überfallen und verwüstet, 1629 fiel sie in die Hände der Schweden, 1640 einem Brand zum Opfer. Einen Aufschwung brachte im 18. Jahrhundert der Holzhandel mit England. Im Siebenjährigen Krieg besetzten Russen Memel. Ihren größten Tag erlebte die Stadt im Königsjahr 1802.

189 Vor dem Städtischen SCHAUSPIELHAUS in Memel steht der »Ännchenbrunnen« mit einem Medaillon des großen Sohnes der Stadt, Simon Dach, 1605 hier geboren. Unter dem Einfluß von Opitz schrieb er geistliche und weltliche Lieder zu besonderen Anlässen. Ihm wird, nicht unumstritten, auch das bekannte Lied »Anke von Tharaw« zugeschrieben, das in diesem Brunnen Verewigung fand. Das Städtische Schauspielhaus war eine beliebte Kulturstätte für das gesamte Memelgebiet und über dessen Grenzen hinaus. Der schmucke klassizistische Bau bot einen würdigen Rahmen.

190 Der ELCH lebt in vielen Liedern und Gedichten; er ist das bekannteste Tier im nördlichen Ostpreußen. Die wenigsten Fremden aber, die seinen Spuren folgten, haben jemals einen Elch mit eigenen Augen in Freiheit gesehen. Der zwei bis drei Meter lange, zwei bis zweieinhalb Meter schulterhohe Vertreter der Familie der Hirsche mit dem massigen Körper, dem kurzen Hals und dem bucklig erhöhten Widerrist, mit dem sehr kurzen Schwanz und den auffallend hohen Beinen, bis zu 800 Kilogramm schwer, oft mit schaufelförmigem Geweih ausgerüstet, der schnelle Läufer und gute Schwimmer, tritt bevorzugt als Einzelgänger auf – nur im Winter bisweilen im Rudel – und ließ sich bisher nicht zum Haustier machen. Wahrscheinlich kennt er die Sage, der zufolge er einst vom Himmel auf die Erde herabgestiegen ist, ohne daß auch nur einer der Sterblichen ihm zu folgen vermochte oder vermag. Er lebt im »Elchrevier«, dem Bruchrevier der Niederungsforsten, und auf der Kurischen Nehrung, auf die er zuweilen hinüberschwimmt. Die Hochmoore um den Ibenhorst im Memeldelta mit ihrem harten schilfigen Gras sind sein Revier.

191 ELCHWINKEL, kurz vor der früheren memelländisch-litauischen Grenze, ein Grenzdorf mit 155 Einwohnern, war immerhin auf einer Landstraße erreichbar, die, wenn auch nicht gepflastert, so doch eine Fahrt mit dem Niederungskarren oder mit einem Wagen zuließ. Die Ortschaft im Zollgrenzbezirk war keineswegs die kleinste im Kreis Heydekrug, zu dem sie 1939 gehörte. Tattamischken hatte nur 82 Seelen, und auch Rupkalven, Girreningken und Peteraten erreichten die Hundertundfünfzig nie. Schmucke Landstraßen dieser Art, von Bäumen, insbesondere Birken, gesäumt, gab es nicht nur im nördlichsten Regierungsbezirk, nicht nur am Rande des Moores und des Moosbruchs. Man begegnete ihnen immer wieder, wo sich fruchtbare Äcker zu beiden Seiten ausbreiteten oder wo sie wie von Menschenhand geschaffene Schneisen die dichten Wälder durchkreuzten. Die unverfälschte Natur hat sich im Osten länger erhalten, im Nordosten wohl am längsten; bis Motorfahrzeuge im 20. Jahrhundert auch hier Fuß zu fassen begannen und den Duft, der im Frühling über diesen »Straßen« lag, verpesteten.

192 Die Fischer von TOLKEMIT an der Küste des Frischen Haffes spannten ihre Netze bis zur Straße hin zum Trocknen aus. Seit 1862 der neue Hafen erbaut war, blühten Landwirtschaft und Fischerei. Butter- und Heringsfässer wurden in der Stadt hergestellt. Von Tolkemit fuhr ein Dampfer nach Kahlberg, brachte Feriengäste auf die Frische Nehrung. Die Tolkemiter »Lommen« fuhren den Fischreichtum ans Land, wo er weiter verfrachtet wurde. Die Tolkemiter führten den Spitznamen »Stintstecher«. Ihr Bier hieß »Brüllkater« oder auch »Rohrkater« – nach seiner Wirkung.

193 Cadinen am Frischen Haff, ursprünglich Gerichtshof des Ordenskomturs zu Elbing, seit 1410 Waldmeistersitz des Ordens, weckt Erinnerungen, wenn man den Namen hört: an die berühmte Majolikafabrik, deren Erzeugnisse man in ganz Ostpreußen antraf, an die tausendjährige EICHE aus prussischer Zeit, in deren Nähe 1898 Kaiser Friedrich Wilhelm II. seinen Sommersitz errichtete, auf dem er öfters den Bischof von Ermland zu Gast hatte; schließlich an die Flucht 1945 über das zugefrorene Haff, an der der letzte Gutsherr von Cadinen, Prinz Louis Ferdinand von Preußen, teilnahm.

194 Die Frische Nehrung, ein Dünenwall, entstanden durch Strömung und Sandablagerungen, wurde durch Verlandung des Frischen Haffes zur Halbinsel. Bis zur Mitte des 19. Jahrhunderts war sie von Wanderdünen bedeckt, ähnlich der Kurischen Nehrung. Da der Sand Häuser und ganze Dörfer verschüttete, begann man mit der Aufforstung, pflanzte Kiefern, Weiden, Espen und vereinzelt auch Eichen an. Nur östlich Narmeln ließ man die Dünen bestehen, bepflanzte sie aber zur Festigung mit STRANDHAFER, Stranddisteln, Machandelbäumchen, Wacholdersträuchern, Bärlap, Rotalgen, Strandsenf. Der Strandhafer, auch Helmgras oder Sandrohr genannt, gehört zur Familie der Süßgräser. Er wird 60 Zentimeter, zuweilen bis zu einem Meter hoch, hat weißlichgrüne lange Ausläufer und steif aufrecht stehende Stengel, von der Seite her aufgerollte Blätter und dichte gelbe Ährenrispen. Da er der Dünenbefestigung dient, wurde er unter Naturschutz gestellt. Auf der Frischen Nehrung findet man sehr selten vorkommende Gewächse, so den Sonnentau, die Sandegge, die Wasserschwertlilie, den Bocksbart und den Adlerfarn.

195 KAHLBERG war das bekannteste und schönste Seebad auf der Frischen Nehrung, erreichbar mit den weißen Schiffen, die von Elbing und Tolkemit auf die Nehrung hinüberfuhren und die Kurgäste dorthin brachten. Schon 1424 gab es in Kahlberg einen Krug, die Postlinie entlang der Nehrung wechselte hier die Pferde. Zu Beginn des 19. Jahrhunderts kamen Braunsberger und Elbinger in den Ferien über das Haff, ab 1841 verkehrten die Dampfboote. Kahlberg wurde 1843 Badeort. Zu Beginn des 20. Jahrhunderts wurde es stark ausgebaut und erhielt eine Promenade.

196 Lübecker Kaufleute gründeten nördlich der Burg, die Landmeister Hermann Balk 1237 auf dem rechten Ufer des Elbingflusses hatte erbauen lassen, die Stadt ELBING, der Hochmeister Heinrich von Hohenlohe die Handfeste gab. Durch die Bewilligung der Appellation nach Lübeck erhielt die Stadt eine mit einer Reichsstadt vergleichbare Stellung: Der Rat war Territorialherr über das Landgebiet. Bis 1370 war Elbing im Ostseehandel und in der Hanseschiffahrt führend. Die Nikolaikirche, im 14. Jahrhundert als Basilika erbaut, wurde im 15. Jahrhundert dreischiffige Hallenkirche.

197 Zu den Meisterwerken des beginnenden 15. Jahrhunderts im Osten zählt die ergreifende KREUZIGUNGSGRUPPE in der St.-Nikolai-Kirche zu Elbing. Pfarrer Wulsak hat sie gestiftet. Urkundlich ist sie für die Zeit um 1414 beglaubigt, doch wird sie früher entstanden sein. Der dornengekrönte Heiland am Kreuzesholz ist schlank und knochig, man sieht ihm das Leiden an, das er hinter sich gebracht hat. Die Augen sind halb geschlossen, die Wangen eingefallen, der Mund leicht geöffnet. Er ist vom Tode gezeichnet, nur das wellenförmige Barthaar und die geflochtenen Zöpfe beleben die Gestalt. Ein ergreifendes, tief erschütterndes Bild. Die beiden Gestalten daneben: eine sehr jugendliche Maria, die sich in ihr Schicksal ergibt: »Siehe, ich bin eine Magd, mir geschehe nach Deinem Worte« scheint sie zu sagen. Johannes, dagegen aufbegehrend, den Mund wie zu einem Aufschrei geöffnet, tief mitfühlend. Ein Mann in reiferen Jahren, die Heiligen Schriften in der linken Hand, die rechte leicht ausgestreckt. Wie Maria von Leben erfüllt, gekennzeichnet in den Körperlinien im belebend gotischen Stil.

198 Ein eigenartiges Kunstwerk, nach französischem Vorbild geschaffen und dem Motiv nach nur im Ordensland nachgewiesen, ist die SCHREINMADONNA von St. Marien in Elbing, geschaffen gegen Ende des 14. Jahrhunderts und auf einen Flügelaltar aus der Zeit um 1513 gestellt. Man nennt diese Darstellungen »Schreinmarien«, weil Körper und Sockel als Schrein gestaltet sind und die Altarflügel geöffnet und geschlossen werden können. Geöffnet – erblickt man im Innern einen Gnadenstuhl: Gott Vater mit dem Heiland am Kreuz im Schoß, den Kreuzesbalken haltend. Auf der Innenseite der Flügel gemalte Gestalten, männlich und weiblich, unter ihnen zwei Ordensritter, ein Ordensgeistlicher, drei Kardinäle, ein Papst, die unter dem Mantel der Schreinmadonna geborgen sind, sich also in ihren Schutz begeben haben. Neben der Madonna zwei gleichgroße Gestalten, zwei weibliche Heilige, gekrönt in wallenden Gewändern. Die Arbeit besitzt keinen hohen künstlerischen Wert, man vermutet, daß sie aus einer Elbinger Werkstatt stammt. Ein Schrifttäfelchen trägt die Jahreszahl 1431.

199 Als ein hervorragendes, für den Osten einzigartiges Werk gilt das aus Messing und Bronze gegossene TAUFBECKEN für die Nikolai-Kirche in Elbing. Nach der Inschrift stammt es vom Meister Bernhuser aus dem Jahr 1387. Es besteht aus einem Ober- und einem Unterteil, der Deckel fehlt. Beide Teile sind achteckig und ruhen auf acht liegenden Löwen mit ausgestreckten Tatzen und weit aufgesperrten Mäulern. In den Feldern des Unterbaus stehen acht Prophetengestalten, unter ihnen Daniel und Amos. In den acht Feldern des Oberteils werden Begebenheiten aus der Heilsgeschichte dargestellt: Joachim und Anna, die Eltern Marias, Taufe und Geburt Christi, die Anbetung durch die drei Könige, Mariae Verkündigung, Mariae Heimsuchung, die Darstellung im Tempel und die Krönung Mariae. Die Gestalten im Unterbau sind frontal dargestellt, flächig und wenig plastisch gestaltet. Die Gotik klingt hier nur leise an. Das Geschehen im Oberbau ist schlicht dargestellt, ohne Beiwerk, doch sind die Flächen gleichmäßig ausgefüllt. Im Oberteil sind die Gestalten reihenweise geordnet. Das Werk wird als »lübisch« bezeichnet.

200 Rollberge nannte der Volksmund die GENEIGTEN EBENEN, Landunterbrechungen im Verlauf des Oberländischen Kanals, um eine Steigung von 85 Metern zu überwinden. Zwei ungleiche Ebenen stießen dachförmig aufeinander, die kürzere zum größten Teil unter Wasser gelegen. Auf diesen Ebenen befanden sich parallel verlaufende Eisenbahngleise, auf denen zwanzig Meter lange und drei Meter breite Gitterwagen die Schiffe beförderten, ohne daß die Passagiere auszusteigen brauchten. Beide Streckenenden lagen unter Wasser. Die Fahrzeuge waren mit einem endlosen Drahtseil verbunden, so daß beide, verkettet und vertäut, gleichzeitig in Bewegung gesetzt werden konnten, angetrieben von einem großen Wasserrad mit 60 PS. Die Kußfelder Ebene bildete hier eine Ausnahme. Sie war später gebaut und mit einer Turbine ausgerüstet. Das Wasser im oberen Kanalteil setzte das Rad in Bewegung. Das Schiff fuhr auf dem Gitterwagen zum Wasser. Ein Signal gab das Betriebswasser auf das Rad frei. Es gab fünf solcher Ebenen: Buchwald, Kanten, Schönfeld, Hirschfeld und Neu Kußfeld.

201 Südöstlich der Kreisstadt Preußisch Holland liegt das Dorf QUITTAINEN, das es nie zu mehr als 380 Einwohnern brachte, jedoch auf eine geschichtsträchtige Vergangenheit zurückschauen kann. Es zählt zu jenen Ländereien, von denen der Landmeister des Ordens bewährten Stammesprussen so viel verschrieb, wie »sie mit dem Hackpflug bearbeiten« konnten. Von 1525 bis 1538 gehörte Quittainen Eckhard von Reppichau, Amtshauptmann in Preußisch Holland, einem Sproß aus jenem Adelsgeschlecht, aus dem der Verfasser des Sachsenspiegels hervorging. 1543 ging es in den Besitz des Pommern Antonius von Borcke über, des »größten Gutsbesitzers in Preußen«. Feldmarschall Freiherr von Derfflinger, der Sieger von Fehrbellin, erhielt es 1681 mitsamt der Nebengüter. 1695 erwarb es der General und Wirkliche Geheime Kriegsrat Johann Albrecht zu Barfus, der Gatte einer Gräfin Dönhoff zu Friedrichstein, in deren Familienbesitz es 1744 überging und bis 1945 blieb. So führt ein verschlungener Weg von den ersten Stammesprussen Poschensche, Germe und Glande hin zur Gräfin Marion Dönhoff.

202 Landmeister Meinhard von Querfurt, der 1288 mit dem Bau der Weichseldämme begann, holte sich Fachleute für die Entwässerung aus den Niederlanden. Er siedelte sie an der Weeske an und gab ihnen die Handfeste für eine Stadt, der sie ihren Namen PREUSSISCH HOLLAND geben durften und in der er sie als die ersten Lokatoren bestätigte. Im 16. und 17. Jahrhundert kam die Einwanderungswelle der Mennoniten in den Osten und ließ sich im protestantisch gewordenen Preußen nieder. Preußisch Holland wurde Mittelpunkt ihrer Siedlertätigkeit. Bald folgten reformierte Schotten und Franzosen. 1650 ist urkundlich eine »schottische Nation« nachgewiesen. 1697 gab Kurfürst Friedrich III. den Reformierten das Recht auf eine selbständige Gemeinde. Preußisch Holland, wegen seiner Berglage und schönen Häuser das »ostpreußische Rothenburg« genannt, war die stärkste Festung im Oberland. Nach dem Thorner Frieden wurde sie Komtursitz des Obersten Spittlers. Gustav Adolf nahm die Stadt 1627 und 1628 kampflos, doch 1659 erhielt sie wegen der tapferen Verteidigung ein Krugrecht.

203 Auf der Seenplatte des Oberlandes liegt die Stadt MOHRUNGEN, hervorgegangen aus einem »Flecken« um ein Ordenshaus, angelegt von Siedlern aus dem Südharz, die diesen nach ihrer Heimatstadt benannten. Hermann von Oettingen erhob ihn um 1327 zur Stadt. Aus dem Jahr 1327 stammt auch das gotische Rathaus mit dem hölzernen Dachreiter. Die Pfarrkirche St. Peter und Paul stand damals bereits. Hochmeisterstatthalter Heinrich Reuß von Plauen verlegte nach 1467 seinen Sitz nach Mohrungen und erlag hier 1470 einem Schlaganfall. 1525 verpfändete Herzog Albrecht die Stadt dem Burggrafen Peter zu Dohna. 1595 errichteten die Dohnas ein »stattliches Haus«, das »Schlößchen« genannt. Ihr Hauptverdienst war die Stiftung eines Stipendiums für Studenten, das es Johann Gottfried Herder ermöglichte zu studieren. Zwischen Markt und Kirche steht Herders Geburtshaus, das heute als Museum dient. Söhne der Stadt waren auch der Dithyrambendichter Johann Gottlieb Willamow und Walther Rudolf Eduard Harich, der Herausgeber des Werkes E. T. A. Hoffmanns und dessen Biograph.

204 Am Südufer des Drewenzsees liegt OSTERODE, um 1270 von sächsischen Kolonisten, die den Namen des alten Welfenschlosses mitbrachten, gegründet und 1329 vom Christburger Komtur Luther von Braunschweig mit der Handfeste nach kulmischem Recht ausgestattet. 1376 und 1381 plünderte und brannte Kynstut: »So ganz das nichts mer bleib wen die Kirche und des Pfarrers Gehöfte, verbrannte Osterode die stad im jar 1400«. Die Schweden folgten, die Pest und die Russen. Vor der Schlacht bei Preußisch Eylau bezog Napoleon im Jahr 1807 im Osteroder Schloß Quartier.

205 Am Ewingsee im Kreis Mohrungen, liegt SAALFELD, unter dem Komtur von Christburg, Heinrich Zuckschwert, um 1300 von Thüringern gegründet. Die Handfeste verrät das Jahr 1305, von Sieghard von Schwarzburg ausgestellt, 1334 nach kulmischem Recht erweitert. Die Pfarrkirche, 1351 dem heiligen Johannes geweiht – mit dem Bau wurde vor 1320 begonnen –, erhielt zu Beginn des 15. Jahrhunderts den Turm. Nach Aufhebung des Bistums Pomesanien, 1587, richtete Markgraf Georg Friedrich das Oberländische Konsistorium ein; 1751 mit dem Königsberger vereint.

206 Die auf einer Halbinsel am Geserichsee im Kreis Rosenberg gelegene Stadt DEUTSCH EYLAU wurde 1305 als gewerblicher Mittelpunkt für die umliegenden Dörfer angelegt. Sie wird 1317 unter dem Namen Ylavia, 1333 als Ylaw und 1421 als Ilow theutonicalis erwähnt. Sieghard von Schwarzburg, der Komtur von Christburg, gründete die Siedlung, die von Luther von Braunschweig eine Handfeste erhielt, welche Günter von Schwarzburg 1333 nach kulmischem Recht erweiterte. Bis 1340 gehörte sie zur Komturei Christburg und fiel dann an Osterode. 1340 entstand eine Burg, verbunden mit einer sehr eindrucksvollen Kirche. Sie bildeten eine geschlossene Befestigungsanlage. Seit 1320 gab es Pfleger des Deutschen Ordens in Deutsch Eylau. Ein Ordenshaus stand vermutlich zwischen dem Löbauer Tor und der Kirche. 1457 verkauften böhmische Söldner es an den Preußischen Bund und den König von Polen. Doch setzten sich die Bürger zur Wehr. Von 1522 an war die Stadt verpfändet, zuletzt an die Grafen Dohna-Schlodien, 1758 wurde sie von den Russen besetzt.

207 Die Stadt ROSENBERG wurde um 1305 vom Pomesanischen Domkapitel gegründet und blieb bis 1525 in dessen Besitz. Mit dem Bau der Pfarrkirche begann man 1314. Im Süden der Stadt wurde 1376 der Hof des Pomesanischen Domkapitels gebaut, der seit 1532 Sitz des Lehnsherrn und seit 1818 Sitz der Landräte war. 1454 gehörte die Stadt vorübergehend dem Preußischen Bund an; von 1532 bis 1817 war sie Mediatstadt. Ihre Lehnsherren waren: von Polenz, von Tettau und Schack von Wittenau. Eine Stadtmauer umgab kreisförmig die Stadt, hatte drei Tore und 17 Türme.

208 Zwischen hohen Bäumen steht auf einem grünen Hügel die Kirche von BUCHENFELDE, einem Dorf mit nur 300 Seelen, zur Gemeinde Peterwitz im westpreußischen Kreis Rosenberg gehörend. In der Anlage gleicht sie mit ihren rundbogigen Blenden als einzigem Zierrat und dem vierkantigen Turm mit dem groben Treppengiebel der 1314 vom pomesanischen Domkapitel erbauten Pfarrkirche von Rosenberg, der kleinsten Kreisstadt mit knapp 5000 Einwohnern, die sich jedoch rühmen darf, in ihren Mauern vierzehn Tage lang als hohen Gast Marschall Blücher beherbergt zu haben.

209 RIESENBURG am Sorgensee hat seinen Namen vom Land Resia oder Riesen, einer Teillandschaft Pomesaniens. Auf dem Schanzenberg stand eine Prussenfeste, die der Orden 1236 zerstörte. 1255 kam das Gebiet bei der Bistumsaufteilung in den Besitz des Bischofs von Pomesanien. Bischof Albert erbaute 1276 bis 1277 die Burg und richtete sie als seine Residenz ein. Einer Ansiedlung an ihrem Fuße gab Bischof Rudolf 1330 die Handfeste. Bis 1525 blieb die Riesenburg Bischofssitz, dann zog in sie ein preußisches Hauptamt ein. 1918 kam Riesenburg zum Kreis Rosenberg.

210 SCHLOSS SCHÖNBERG an der Straße von Rosenberg nach Deutsch Eylau, einstige Residenz des pomesanischen Dompropstes und dessen Kapitel, war von einer 72 m breiten, 97 m langen, mit zwölf Türmen besetzten Mauer umgeben, an die sich die Gebäude von innen anlehnten. Um 1386 war die Anlage vollendet. Nach Einführung der Reformation, 1527, trat das Kapitel Amt und Schloß an Herzog Albrecht ab, der beides dem Bischof Erhard von Queis zu Lehnsrecht übertrug. Nach mehrfachem Besitzerwechsel erwarb 1699 der Kammerherr Ernst Finck das Schloß.

211 Schloß FINCKENSTEIN im Kreis Rosenberg zählt zu den großzügigsten Schloßanlagen, von 1718 bis 1720 wahrscheinlich vom Baumeister de Bodt erbaut. Sein Begründer war der Feldmarschall Albrecht Conrad Finck zu Finckenstein. Eine hufeisenförmige Anlage mit zwei schmäleren Seitenflügeln, als Absteigewohnung des Königspaares besonders kostbar ausstaffiert: mit Seide bespannte Wände, bemalte oder Ledertapeten, Holztäfelungen und Stukkaturen, kostbare Kachelöfen und wertvolle Gemälde, die die Stilentwicklung im 18. Jahrhundert widerspiegelten.

212 Anstelle einer 1236 zerstörten Prussenburg erbaute der Orden in STUHM, der späteren Kreisstadt des Regierungsbezirks Westpreußen, zwischen 1326 und 1335 ein Jagdschloß des Hochmeisters, 1331 Sitz eines Komturs, 1333 eines Pflegers. 1413 erhielt das Schloß eine Kapelle. Am Fuße des Schlosses erwuchs vor 1416 die Stadt Stuhm, der Hochmeister Michael Küchmeister von Sternburg 1416 eine Handfeste gab. An die Stadtmauer wurde 1478 die St. Annakirche angebaut, innerhalb der Mauern das Spital zum Heiligen Geist. 1683 vernichtete ein Großbrand weite Teile der Stadt.

213 Auch auf den größeren Gütern war der Pferdepflug zu Hause, wobei allerdings mehr als nur ein Pferd den Pflug zog und das Jungtier die Eltern begleiten durfte. Das hügelige Gelände Masurens wollte, wo Seen und Wälder Raum für den Ackerbau ließen, mühsam vom Pflug durchzogen werden. Gerade Ackerfurchen zeichneten die bereits bearbeitete Erde, die auf die Wintersaat wartete. Wochen brauchte es zuweilen, bis der Boden fürs nächste Jahr und die erwartete Ernte vorbereitet war. Der Boden war fruchtbar; nicht zu Unrecht sprach man von einer KORNKAMMER des Reiches.

214 Die Entstehung eines großen Gutes setzte weite Ackerflächen und auch dienstliche Verpflichtungen gegenüber dem Landesherrn voraus. Wo jene nicht gegeben waren, wie in der Niederung, wo diese fehlten, wie im Ermland, kam es nicht zur Bildung von Gütern. Zu den größten im Kreis Berent gehörte das Gut HOCHPALESCHKEN, zu dem in der Erntezeit die Saisonarbeiter kamen, um – in langen Reihen – mit ihren Sensen übers Land zu ziehen und die Ernte für den Winter einzubringen, sei es das Heu als Futter und Unterstreu für die Tiere, sei es das Getreide für den Menschen.

215 Die GUTSSCHMIEDE von Hochpaleschken galt als vorbildlich. Da die gesamte Feldarbeit auf den »Schultern« von Mensch und Tier ruhte, wobei das Pferd, gerade auf den Gütern, die Hauptrolle spielte, war eine gutseigene Schmiede schon zum Beschlagen der Pferde notwendig. Der massive Ziegelbau mit dem spitzbogigen Eingang, das schiefergedeckte, ebenfalls massive Dach waren Zeugen von Wohlstand und auch von einem Heimatbewußtsein, das ein Gutsherr haben mußte, der solch »stilvolle« Anlagen schuf. Das Pferd galt in Westpreußen als »Lebensgefährte« des Menschen.

216 Auch die Wasserversorgung für Mensch und Vieh kannte weder Wasserleitungen noch Kanalisation, es sei denn, man verstand darunter jene Anlagen, wie sie in der ersten Hälfte des zwanzigsten Jahrhunderts auf den Gütern üblich waren. HOCHROHRLEITUNGEN, die im Winter vor Frostschäden geschützt werden mußten, führten zu Häusern und Stallungen; die Ställe wurden, wie hier in Hochpaleschken, ausgemistet, der Mist mit Kastenwagen fortgeschafft. Zu den von der »Wasserleitung« entfernter gelegenen Stellen wurde das Wasser in Eimern getragen.

217 Auf dem östlichen Hochufer der Nogat steht die MARIENBURG, 1274 zu Ehren der Patronin des Deutschen Ritterordens gegründet, der bedeutendste Ordensbau im Osten. Ursprünglich war die Burg Sitz eines Komturs, bis Hochmeister Siegfried von Feuchtwangen den Hochmeistersitz von Venedig hierher verlegte. Den Söldnern verpfändet, verkauften diese sie an den König von Polen, der 1457 in das Schloß einzog. 1635 kam es in kurbrandenburgische Treuhandschaft, seit 1773 unter preußische Verwaltung. Schenkendorf und Eichendorff setzten sich für die Erhaltung ein.

218 Der Handelsplatz Marienburg war westlich der Burg entstanden. 1276 wird erstmals ein Schulze erwähnt. In der Gründungsakte ist die Johanneskirche bereits genannt. Der Landmeister von Preußen, Conrad von Tyrberch, erhob den Handelsplatz zur Stadt. Die zweite Handfeste – nach kulmischem Recht – stammt aus dem Jahr 1304. Die meisten Siedler waren aus Schlesien gekommen. In Marienburg fanden regelmäßig die Zusammenkünfte der sechs Hansestädte Danzig, Elbing, Königsberg, Braunsberg, Thorn und Kulm statt. Winrich von Kniprode förderte das Zunftwesen. Er legte die Neustadt an. 1365 standen die Lauben um den Markt. Man unterschied die Hohen und die Niedrigen Lauben. Inmitten dieser erhob sich das älteste RATHAUS des deutschen Ostens. Der gotische Bau stammt aus dem Jahr 1380 und besitzt im Innern zwei geräumige Remter. Ihn zieren reichgeschnitzte Wandschränke. Hinzu kommt ein Ratskeller mit Zinnen und Wehrerkern. 1816 kam die Stadt an der Königliche Regierung Danzig, später wurde sie dem ostpreußischen Regierungsbezirk Westpreußen zugeschlagen.

219 Der SCHNITZALTAR aus der Marienburger Pfarrkirche stammt vom Beginn des 16. Jahrhunderts. Er unterscheidet sich nicht nur im Stil, sondern auch in der Ausführung wesentlich von den Flügelaltären der gotischen und nachgotischen Periode. Herzog Albrecht hatte um die Wende vom 15. zum 16. Jahrhundert, insbesondere im ersten Viertel des 16. Jahrhunderts, Bildhauer von seinen Reisen in den süddeutschen und fränkischen Raum mitgebracht, die sich den Forderungen des Ordens weitgehend anpaßten. Im Mittelpunkt des Marienburger Altars steht der Schmerzensmann, von zwei Engeln gestützt. Der schmerzliche Gesichtsausdruck ist verschwunden, die Engel muten fast mondän an. Die vier biblischen Szenen an den Seiten konnten dramatisches Bühnengeschehen verkörpern. Interessant erscheint der Gnadenstuhl über dem Mittelbild. Nicht »durch das Leiden seines Sohnes« hat Gott die Welt erlöst. Ein barbarossaähnlicher Gott Vater weist auf die »Rückkehr des verlorenen Sohnes«. Vom Kreuz ist keine Spur mehr zu sehen; die anbetenden Engel sind Statisten geworden.

220 Der Ordenshof »zu dem Stalle«, Kreis Marienburg, dem ein Pfleger des Ordens vorstand, wird 1330 erstmals erwähnt. 1363 wurde er in ein Bauerndorf umgewandelt, das der Oberste Trapier des Ordens »ausgegeben« und dem der Bischof von Kulm 1430 eine Handfeste ausgestellt hatte. Ein Elbinger Ratsherr erwarb STALLE 1519 auf Lebenszeit. Am Westende des Dorfes befindet sich das Laubenhaus Köster, ein Fachwerkbau, reich verziert. Es trägt eine Inschrift aus dem Jahr 1751. Der Bauherr hat sie angebracht: »Ich hab gebauet mit Bedacht. Der Hoff soll werden gutt gemacht.«

221 Die katholische Pfarrkirche von ALTMÜNSTERBERG im Kreis Marienburg ist der heiligen Barbara geweiht. Drei aus Lindenholz geschnitzte Werke, dem »Danziger Meister« zugeschrieben und um die Mitte des 15. Jahrhunderts datiert, sind die Schmuckstücke dieser Dorfkirche: »Gott Vater«, »Maria mit dem Kind« und »die heilige Barbara«, Patronin mit der Friedenspalme und dem Turm in den Händen. (Die Krone wurde bei einer Erneuerung der Fassung 1914 hinzugefügt.) Um die Mitte des 15. Jahrhunderts entsteht eine Fülle holzgeschnitzter Gestalten der Gottesmutter wie auch anderer Heiliger. Eine Stilwende bahnt sich an. Die »geschwungenen Leiber« der Gotik treten hinter liebevollen Figuren, die »Irdisches und Überirdisches« in sich vereinen, zurück. Der weibliche Schönheitsgedanke jener Zeit, ein liebreizendes Frauentum, kennzeichnet auch diese heilige Barbara. Das Gewand ist bauschig geworden, die Falten scheinen zu knistern. Die Körperformen sind verhüllt: Aller Scharm ist in den nahezu fröhlichen Gesichtsausdruck gelegt. Ein »liebevolles Frauentum« zeigt sich und gewinnt den Beter.

222 Auf dem »Unterberg« vor MARIENWERDER erstand 1233 die erste Ordensburg in Ostpreußen: Insula sanctae Mariae. Doch schon nach einem Jahr mußte sie an eine geeignetere Stelle verlegt werden. Um die Burg entstand eine Siedlung, der Landmeister Hermann Balk 1233 das Stadtrecht gab. Als 1243 das Bistum Pomesanien errichtet wurde, wählte der Bischof die Burg zur Bischofsresidenz. Das Domkapitel, dem Orden inkorporiert, erhob die Pfarrkirche zur Domkirche. Als die Bischöfe ihren Sitz ins Schloß Rosenberg verlegten, blieb Marienwerder Sitz des Kapitels.

223 Der großangelegte Neubau von Dom und Kapitelschloß Marienwerder fiel in die klassische Zeit der Ordensgotik, 1322 bis 1360. Von der DOMKIRCHE wurde zuerst der Chor errichtet. Die bauliche Einheit von Burg und Kirche ist hier einmalig gelungen. Der Dom war der Heiligen Jungfrau und dem Evangelisten Johannes geweiht. Unter Bischof Berthold wird als Baumeister ein Geistlicher, Bruder Rupert, genannt. Um 1400 ließ Bischof Johann I. die Kirche mit Heiligenfiguren ausmalen. Der 1330 ermordete Hochmeister Werner von Orseln ist in der Domkrypta beigesetzt. Die hl. Dorothea von Montau, die seit 1391 in Marienwerder lebte und sich 1393 in einer Klause am Dom einmauern ließ, ist nach ihrem Tode im Jahr 1394 hier bestattet und mit einem kostbaren, kunstvollen Reliquienschrein mit Malereien aus ihrem Leben geehrt worden. Bei der Belagerung 1414 wie auch 1460 erlitt der Dom kaum Beschädigungen, mehr litt er unter dem Reiterkrieg 1520. An den »eisernen Bischof« Hiob von Dobeneck, Ratgeber der beiden letzten Hochmeister, erinnert ein reichgeschnitzter Bischofsstuhl im Domchor.

224 Ein KÜCHENSPIND, stilvoll, bestehend aus dem Unterschrank und einem von gedrechselten Säulen getragenen »Baldachin«, war der Stolz der oberländischen Hausfrau. Der Unterschrank war verschließbar und barg Vorräte wie auch Geschirr. Im Oberschrank präsentierte man die Prunkschüsseln und das Zinnbesteck. Die Reihe der Löffel, die das Hauptbesteck bildeten, da Suppe und Brei zu den täglichen Mahlzeiten gehörten, strahlte stets blank geputzt. Der Schrank diente praktischen Zwecken wie auch der »Schaustellung« und war die Visitenkarte des Hauses, denn Besucher wurden am Alltag stets in der Küche empfangen, wo auf dem Herd tagsüber die Kaffeekanne dampfte. Nur am Sonntag und bei festlichen Gelegenheiten wurde die gute Stube geöffnet. Da es im Oberland nur wenig Möbel – Küchenschrank, Kleiderschrank und Bett – gab, kam jedem Stück Bedeutung zu. In Masuren wurden die Schränke – unter slawischem Einfluß – farbenfroh bemalt. Im Oberland ließ man sie naturfarben, um die edlen Hölzer hervortreten zu lassen, aus denen sie gefertigt waren.

225 Eine eigene Wohnkultur entwickelten die einzelnen Stämme, aus denen sich der Neustamm der Ostpreußen zusammensetzte. Eigenheiten zeigten sich insbesondere in Masuren, im Ermland und im Oberland, wahrscheinlich, weil hier geschlossene Siedlergruppen ihre »Volkskunst« weiter pflegten. Das oberländische Bauernzimmer hat Eingang in die Heimatmuseen gefunden. Im Museum Marienwerder sah man das oberländische HIMMELBETT, das in der Schlafecke des Bauernhauses als eine Art Prunkmöbel stand. Es hatte vier einfache oder gedrechselte Pfosten und eine Bekrönung, die entweder barock profiliert, eingelegt oder geschnitzt und dann bunt bemalt war. Vorhänge aus weißem oder buntgemustertem Leinen schlossen den Bettraum ab. Im Himmelbett schliefen die Ehegatten, während für die Kinder die Bankenbettstelle bestimmt war, aus zwei bankartigen Teilen zusammengesetzt, durch Herausziehen des einen Teils beliebig verbreiterungsfähig. Die Vorderseite war ebenfalls bunt bemalt, später einfarbig gestrichen. Die Schlafbank diente dem Gesinde.

226 Die Zigarren- und Tabakfabrikation blieb hauptsächlich auf die beiden »Großstädte« Königsberg und Elbing beschränkt. Weltbekannt war die Elbinger Firma Löser und Wolff. Im Ermland gab es ein paar kleine Tabakfabriken, eine von ihnen in Wartenburg. Das Rohmaterial wurde fast ausschließlich auf dem Schiffs-, später auch Schienenwege nach Ostpreußen gebracht. Der größte TABAKSPEICHER stand an der Weichsel in der Nähe von Marienwerder. Hier wurden die großen Tabakblätter »luftig« aufgehängt; die vielen schmalen Türen sorgten für die Zufuhr frischer Luft.

227 Die Ansiedlung SCHWETZ an der Mündung des Schwarzwasserflusses in die Weichsel erhielt ihre Handfeste 1338 nach kulmischem Recht. Hier hatte gegen Ende des 12. Jahrhunderts eine Burg des Pommerellenherzogs Grimislaw gestanden, die der Orden 1309 eroberte und ausbauen ließ. Die steinerne Ordensburg, in der ein Ordenskomtur seinen Sitz hatte, wurde um die Mitte des 14. Jahrhunderts auf der Halbinsel zwischen Weichsel und Schwarzwasserfluß errichtet. Als die Ordensherrschaft ein Ende fand, begann die Burg zu verfallen. 1945 erhielt sie das Wehrgeschoß.

228 Als der Deutsche Ritterorden 1310 Pommerellen von den Markgrafen von Brandenburg kaufte, war Schwetz neben Danzig und Dirschau bereits als Civitas erwähnt. Auf Betreiben des Hochmeisters Dietrich von Altenburg wurde die ORDENSBURG an der Stelle der früheren Herzogsburg im Tal auf einer Halbinsel nahe der Mündung des Schwarzwassers in Stein erbaut. Die Stadt wurde später von der Höhe dorthin verlegt, wahrscheinlich infolge eines Großbrandes. 1375 bis 1392 entstanden die Stadtmauern aus Ziegeln auf Feldsteinfundamenten. Burg Schwetz war vor der Schlacht von Tannenberg der Sitz Heinrichs von Plauen, der sie stark befestigte, so daß sie der Besetzung durch polnische Truppen entging und von den Hussitengreueln 1433 verschont blieb. Zu Beginn des 13jährigen Krieges fiel sie 1454 nach kurzem Widerstand in die Hände des Feindes. Trotz mehrfacher Versuche gelang es dem Orden nicht mehr, sich auf Dauer zu festigen. Als 1677 die Stadt in Trümmer sank, stiftete Friedrich II. 11 900 Taler zum Wiederaufbau und siedelte in Schwetz 13 Handwerkerfamilien an. 1847 bis 1879 kam es zur Rückverlegung der Stadt.

229 Am Ostufer der Weichsel liegt die alte Handelsstadt GRAUDENZ, 1222 erstmals als Burgplatz erwähnt, 1234 vom Deutschen Orden stark befestigt. Um die Mitte des 13. Jahrhunderts errichtete der Orden hier eine Burg aus festem Stein, in die 1267 ein Ordenskomtur einzog. Im Schutze der Burg entwickelte sich bald eine Stadt, die 1292 ihre Handfeste, wahrscheinlich bereits die zweite, erhielt. Der Baubeginn der Pfarrkirche St. Nikolai dürfte am Ende des 13. Jahrhunderts gewesen sein. 1313 wird bereits ein Rathaus erwähnt. Zur Ordenszeit war Graudenz bedeutender Handelsplatz.

230 Der GRAUDENZER ALTAR, Werk eines unbekannten Meisters vom Ende des 14. Jahrhunderts, eine Darstellung des Marienlebens auf achtzehn Tafeln, zählt zu den schönsten Doppelflügelaltären seiner Zeit. Er wurde für die Burgkapelle von Graudenz geschaffen, kam von dort in die Pfarrkirche und kurz darauf – zuerst unvollständig, seit 1912 vollständig – ins Danziger Stadtmuseum. Restauriert gelangte er in die St. Lorenzkapelle der Marienburg. Seine schönste Tafel zeigt die Krönung Mariens durch Christus, einmalig in Farbe und Ausdruck; heute Warschauer Nationalmuseum.

231 Kurz nach ihrer Gründung wurde die an einem wichtigen Übergang über die Drewenz angelegte Stadt STRASBURG von den Sudauern überfallen. Damals gab es hier schon einen Konvent des Ordens. Das Ordensschloß wurde 1305 bis 1330 erbaut, die Schloßkapelle 1339 geweiht. In diese Zeit fällt der mit zwei Türmen angelegte Bau der Pfarrkirche St. Katharina. Die wichtige Straße, an der die Stadt lag, förderte ihre rasche Entwicklung. Am 7. Oktober 1414 schloß der Orden in Strasburg mit Polen einen Waffenstillstand, der bis 1421 verlängert wurde. Im Dreizehnjährigen Städtekrieg eroberte der Söldnerführer Bernhard von Zinnenberg die Stadt, nahm sie in Pfandbesitz und übertrug diesen für die Zeit nach seinem Tode seinem Bruder. 1478 löste König Matthias Corvinus von Ungarn diesen aus und überließ die Stadt dem Deutschen Orden, bis sie 1479 vertraglich dem König von Polen übergeben wurde. 1563 bis 1566 zog die Reformation in Strasburg ein. Mit wenigen Ausnahmen wurden die Bürger evangelisch. Sie übernahmen die Pfarrkirche, mußten sie aber 1598 den Katholiken zurückgeben.

232 REHDEN im Kreis Graudenz erwarb 1223 Bischof Christian und verkaufte es 1231 an den Deutschen Orden, der hier 1234 eine erste Burg errichtete, in deren Schutz bald eine Siedlung entstand, die 1234 Stadtrecht erhielt. In den Kämpfen mit den Prussen wurde die junge Stadt zweimal schwer zerstört. Die um 1300 aus Stein erbaute Burg war neben der Marienburg die schönste Ordensburg in Westpreußen und noch zu Zeiten Heinrichs von Plauen die bedeutendste Komturei des Kulmerlandes. Im Zweiten Schwedisch-Polnischen Krieg wurde das Innere der Burg verwüstet, sie verfiel.

233 NEUMARK am rechten Ufer der Drewenz, später Sitz der Kreisverwaltung Löbau, hatte bereits 1325 ein festes Haus des Deutschen Ordens. Die Pfarrkirche, St. Thomas geweiht, stammt aus dem 14. Jahrhundert und ist »so alt wie die Stadt selbst«. Vorübergehend wurde sie im Zuge der Reformation den Protestanten überlassen, war aber im 16. Jahrhundert bereits wieder katholisches Gotteshaus. Unter den Fresken im Chor, die aus dem 15. Jahrhundert stammen, befindet sich zwischen Aposteln eine Schutzmantelmadonna. Eine zweite Madonna erhielt die Kirche gegen Ende des 14. Jahrhunderts, dreiviertel lebensgroß, aus Holz geschnitzt mit Metallverkleidung. Als Himmelskönigin thront sie im weiten Mantel, das Szepter in der Hand, das Jesuskind, ebenfalls mit einem kleinen Szepter, im Arm. Die Kronen beider stammen aus späterer Zeit. Nach dem Gesichtsausdruck zählt sie zu den Schönen Madonnen, kunsthistorisch wird sie dem Löwenmadonnenkreis zugeschrieben: ein prunkvolles Bild, in einer neuen Fassung, vor einem mit Votivtafeln geschmückten Hintergrund.

234 1231 überschritt Bruder Hermann Balk die Weichsel; im Jahr darauf wurde die Stadt KULM gegründet, die, von einer dreißigtürmigen Mauer umgeben, bei Ausbruch des 13jährigen Städtekrieges 1500 Einwohner zählte. Von 1360 bis 1370 vertrat ihr Bürgermeister die preußischen Städte auf dem Hansetag. Nach dem Städtekrieg ging es bergab; 1479 schenkte die Krone Polens die Stadt dem Bischof von Kulm. 1772, im Jahr der Ersten Teilung Polens, hatte sie ganze 1644 Bewohner, meist Ackerbürger, 1837 erreichte sie 5000 Einwohner und brachte es bis 1890 sogar auf die doppelte Zahl.

235 Schon vor dem Eintreffen des Ordens war Kulm am Rande des rechten Weichselufers, wo sich ein günstiger Übergang über den Strom bot, ein wichtiger Handelsplatz. Die vom Orden 1232 angelegte Siedlung erhielt am 18. Dezember 1233 die dem Magdeburgischen Stadtrecht nachgebildete »Kulmische Handfeste«. Auch ein Güterrecht wurde später als »Kulmisches Recht« bezeichnet und 1294 in den fünf Büchern des »Alten Kulm« aufgezeichnet. Dieses Recht blieb für die Stadt- und Dorfsiedlungen des Ordens vorbildlich und wurde zum Grundgesetz des Ordensstaates. Kulm galt lange als dessen Hauptstadt. Die vom Orden dotierte Pfarrkirche St. Marien wurde zu Beginn des 14. Jahrhunderts aus Stein als Hallenkirche aufgeführt. Bei der Gründung legte der Orden am Südwesthang der Stadt ein Ordenshaus an. Schon 1228 gründeten die Dominikaner ihr Kloster, die Franziskaner folgten und erbauten 1258 die Kirche St. Peter und Paul. Der 1567 begonnene Bau des Renaissance-RATHAUSES hat einen Turm mit einer Barockspitze über einer Galerie. Die Gründung einer Universität, vom Papst bereits genehmigt, kam nicht zustande.

236 KULMSEE, auf einer Bodenerhebung gelegen, die in den gleichnamigen See hineinragt, unter dem Namen Liza 1222 erstmals erwähnt. 1243 wurde das »Dorf« mit See und Ländereien dem Bischof von Kulm übertragen. Bei der Stiftung der Domkirche und des Domkapitels, das fortan hier residierte, war es schon »Stadt«. Mit dem Bau der Domkirche begann das Kapitel bald nach 1251. Unterbrochen wurde der Bau durch ein Feuer im Jahr 1286, bei dem die Stadt niederbrannte, vollendet wurde er 1359. Die 1251 begründete Pfarrkirche von St. Jakob stammt aus dem 13. Jahrhundert.

237 Kulmsee, auf einer Halbinsel des Kulmsees gelegen, wird 1222 zum ersten Male erwähnt. Bei der Aufteilung des Gebietes durch Bischof Wilhelm von Modena im Jahr 1243 wurde Kulm Bistum; 1251 wurden Kulmsee Stadt und Bischofssitz. Die Pfarrkirche diente von 1251 bis 1824 als Kathedrale des Bistums Kulm. Sie zählt zu den Meisterwerken der Kirchenbaukunst im Ordensland. Ihr Bau wurde mit dem Chor begonnen, wie damals üblich, und 1350 vollendet. Im Innern wurde sie reich ausgestattet und mit Barockaltären »nahezu angefüllt«. In ihr befindet sich das Grabmal des Bischofs Petrus Kostka, 1595 von einem Italiener aus farbigem Marmor und Kalkstein errichtet. Aus dem ehemaligen Dom stammt der KREUZTRAGENDE CHRISTUS, erstes Viertel des Jahrhunderts, eine Arbeit aus der Nachfolge des Meisters der Schönen Madonnen. Die edlen Gesichtszüge sind sowohl vom Leiden als auch von der Göttlichkeit gezeichnet. Die Dornenkrone wirkt wie eine Aureole. Die Gestalt des Herrn steht fest auf dieser Erde, die sie verlassen wird, um auf ihr zu bleiben.

238 Als der Orden 1231 die Weichsel überschritt, errichtete er eine Befestigung, in deren Schutz sich Ansiedler niederließen. Sie erhielt 1233 die Kulmer Handfeste, mußte aber wegen Überschwemmungsgefahr acht Kilometer stromaufwärts verlegt werden. THORN entwickelte sich zum Handelsplatz, zur »Königin an der Weichsel«, zum Sammelplatz der Kreuzfahrer. Die Pfarrkirche, dem heiligen Johannes geweiht, die Marienkirche der Franziskaner gingen dem Ausbau der Stadtmauer voraus. 1264 erhielt die Neustadt Thorn ihre Handfeste; 1309 Grundsteinlegung zu St. Jakob.

239 Vor dem Thorner Rathaus steht das Denkmal des Nikolaus KOPERNIKUS, des größten Sohnes der Stadt. Als Sohn des Niklas Koppernick und der Barbara geb. Watzenrode wurde er hier am 19. Februar 1473 geboren. Er besuchte das Kulmer Partikular und studierte in Krakau Mathematik, Astronomie und den »Aristoteles«. In Bologna erwarb er die Matrikel des »hochedeln Collegiums der Deutschen«, studierte dann aber in Padua Medizin und promovierte in Ferrara im kanonischen Recht. Der ermländische Kanonikus und Scholastikus der Kollegiatskirche zum Heiligen Kreuz auf der Breslauer Dominsel wirkte zuerst als Leibarzt seines bischöflichen Onkels in Heilsberg. Beim Frauenburger Domkapitel begann er seine Laufbahn als Cancellarius, wurde Kapitaladministrator in Allenstein und Generaladministrator des Ermlands. Berühmt wurde er als Begründer des neuen astronomischen Weltbildes, obwohl seine Erfolge als Staatsmann und Jurist, als Arzt, Sprachforscher und Kenner der Antike nicht zu unterschätzen sind. Er zeichnete Landkarten von Preußen und verfaßte Denkschriften zur Münzreform.

240 GOLLUB im Kreis Briesen wurde 1254 vom Deutschen Orden dem Bischof von Leslau zu kulmischem Recht übergeben, kam aber bereits 1293 wieder zum Orden zurück, der hier eine Befestigung anlegte. Landmeister Konrad Sack erbaute oberhalb der Stadt auf einer vorspringenden Landzunge das Ordensschloß. Gollub wurde Mittelpunkt einer Komturei, von 1466 bis 1772 einer Starostei. Später sank es zum »Flecken« herab. Haupterwerb der Bürger: Bier- und Branntweinausschank. Bis zur Sperrung der russischen Grenze lieferten die Golluber Handwerker an Kongreßpolen.

241 Der WESTPREUSSISCHE MENSCH ist kräftig gebaut und steckt voller Tatendrang. Er trägt die Spuren lebenslanger schwerer Arbeit, doch er trägt sie mit Würde, wenn der Tag gekommen ist, wo der Bauer den Hof dem ältesten Sohn übergibt und das Paar nun aufs »Ausgedinge« zieht. Im Ersten Weltkrieg ging manch ein Alterssitz verloren, zumal für jene, die nicht im polnisch gewordenen Kulmerland bleiben wollten. Es blieb die Wahl: zu den Söhnen zu ziehen, die oft in Berlin ihr Schicksal meisterten, oder zu den Töchtern, die ins Ermland geheiratet hatten.

242 NEUSTADT/Westpreußen gehört zu den wenigen westpreußischen Städten, die nicht vom Deutschen Orden gegründet worden sind. Die Kreisstadt ist eine Familienanlage der Familie Weiher, deren Anfänge bis 1647 zurückreichen. Nach der »grundherrlichen Bewidmung von 1655« durften »alle redlichen und frommen Leute« bei Entrichtung eines Bürgergeldes von zehn Gulden in die Stadt aufgenommen werden, »sie seind von Nationen, wie sie wollen«. Allerdings wurde das Recht der Religionsausübung bald eingeschränkt. 1767 bis 1769 wurde das Schloß erbaut.

243 Die Pietà der Pfarrkirche von BAHRENDORF im Landkreis Briesen zählt zu den schönsten westpreußischen Madonnen vom Beginn des 15. Jahrhunderts. Der Meister der Kreuzigung von Kulmsee hat sie aus Holz geschnitzt, achtzig Zentimeter groß, hier im Ausschnitt gezeigt. Der weibliche Schönheitsgedanke einer Zeit hat Ausdruck gefunden: die Züge, der Blick verraten Mutterglück, Mutterliebe und Mutterleid. Irdisches und Überirdisches fließen zusammen. Auf dem sockelhaften Hals ruht ein edler Kopf, der keiner Krone und keiner Haartracht bedarf. Ein schlichtes, einfarbiges, umsäumtes Tuch genügt, um dem ausdrucksvollen Gesicht Schönheit und Liebreiz zu verleihen. Die jugendliche Mutter bewahrt ihre Haltung auch im tiefsten Schmerz, der allein in der Neigung des Kopfes Ausdruck findet. Man darf nicht vergessen, daß es sich hier um eine Pietà handelt, um eine Schmerzensmutter, die ihren totgemarterten Sohn im Schoße hält. Tränen und Verzweiflung finden keinen Raum; sie weiß, welch einen Leidensweg ihr Sohn gehen mußte; sie ist erfüllt von der Hoffnung auf Auferstehung.

244 KONITZ, »die allzeit getreue Stadt« des Deutschen Ordens, wurde bereits 1323 erwähnt. Die Pfarrkirche St. Johann, aus Stein erbaut, stammte aus der Mitte des 14. Jahrhunderts. Zur gleichen Zeit ließen sich Augustinermönche hier nieder, die 1365 für ihr Kloster eine Handfeste erhielten. Im 14. Jahrhundert blühte das Tuchmacherhandwerk. Konitz trat 1440 dem Preußischen Bund bei, verließ ihn aber 1450, als sich der Bund gegen den Orden stellte. 1620 kamen Jesuiten in die Stadt, bauten 1664 eine hölzerne, nach 1718 die heutige Kirche. Eine der wohlhabendsten Städte.

245 BROMBERG an der Brahe erhielt 1346 von König Kasimir von Polen das Magdeburgische Stadtrecht. Als die Stadt 1772 an Preußen fiel, war sie wirtschaftlich verarmt. Friedrich der Große kümmerte sich besonders um sie. »Wo des alten Preußenkönigs Mühlen mahlen unserer Heimat Brot...«, beginnt ein Gedicht von Clemens Rösler. Bemerkenswert neben den beiden Kirchen sind der Sintflutbrunnen, ein Standbild Friedrichs des Großen, ein Denkmal Kaiser Wilhelms I., das von Schinkel erbaute Regierungsgebäude, das Stadttheater und die Speicher an der Brahe.

246 Westlich von Marienburg liegt PREUSSISCH STARGARD, eine Gründung des Ordens aus der Zeit nach 1309. Sie erhielt 1348 ihre Handfeste nach kulmischem Recht. Hier steht eine der im Ordensland seltenen Basiliken mit halbhohen Seitenschiffen. Mit dem Bau der Pfarrkirche St. Marien, später St. Mathaei Apostoli und dem heiligen Johannes dem Täufer geweiht, wurde im Jahr 1340 begonnen. Die Seitenschiffe haben frühe, mehrzackige Sterngewölbe. Die Westfront wir von einem Staffelgiebel gekrönt. Drei hohe, schlanke Doppelblenden erheben sich zwischen den Strebepfeilern.

247 Die Schreinmadonna aus der Pfarrkirche KLONOWKEN im Kreis Preußisch Stargard, westlich von Marienburg, stellt eine für die mittlere Periode der Ordenszeit typische Verbindung zwischen Bildhauerkunst und Malerei dar. Für eine schlichte Dorfkirche wurde hier – gewiß nach größeren Vorbildern wie in Elbing – eine Madonna geschaffen, vor der die Gläubigen sich in den Chor der Beter mischten. Bei geöffneten Flügeln tritt der Gnadenstuhl hervor: Gott Vater streckt die Arme aus, um den (fehlenden) Kruzifixus zu umfangen. Der Kopf der Madonna ist großflächig und schlicht gearbeitet, gewiß kein großes Kunstwerk. Nur das vom Stirnband gehaltene Haar der »Magd« betont die Gesichtszüge. Auf den Flügeln strenge Trennung von männlichen und weiblichen Anbetern, zu jenen zahlen vorn ein Ordensritter, Kaiser und Papst, ein Ordensgeistlicher und ein Mönch. Unter den Frauen verschiedenen Alters sind drei, die eine Krone tragen, gewiß Märtyrerinnen. Die Krone ist der Kaiserkrone gleich. Der rechte Flügel zeigt am deutlichsten die Elemente der Gotik. Individuelle Züge weisen über die Zeit hinaus.

248 Der heilige Georg, einer der »Vierzehn Nothelfer«, war Patron mehrerer Ritterorden. Richard Löwenherz stellte sein Heer unter St. Georgs Schutz. Der Deutsche Ritterorden ewählte ihn nach der verlorenen Schlacht bei Tannenberg zu seinem Patron. Im Ermland war er Schutzheiliger gegen die Pest. Seit dem 12. Jahrhundert wird er in der Kunst des Abendlandes vornehmlich als Drachentöter dargestellt. Die »Legenda Aurea« des Jacobus de Voragine berichtet, bei Beirut habe ein Drache die Gegend unsicher gemacht und die Luft verpestet. St. Georg habe die Königstochter davor bewahrt, dem Drachen geopfert zu werden. In der Schlacht bei Antiochia, heißt es, sei St. Georg dem Heer der Kreuzfahrer erschienen und habe es zum Siege geführt. Auch auf dem Relief aus dem 16. Jahrhundert in der Kirche zu LALKAU im Kreis Preußisch Stargard wird er als Verteidiger der Königstochter dargestellt. Die Kirchen von Tiefenau, Schalmey und Freudenberg sind ihm geweiht. Drei St. Georgskirchen verloren in der Reformation ihren Titel, erhielten ihn aber wieder: zu Elbing, Marienburg und Rastenburg.

249 MEWE im Kreis Dirschau kam 1229 zum Kloster Oliva, wurde diesem aber 1255 wieder entzogen und von Herzog Sambor II. dem Deutschen Orden verliehen. Erst 1282 konnte dieser von seinem »ersten größeren Erwerb auf dem linken Weichselufer« Besitz ergreifen. Er legte einen festen Platz an. Aus dem Abbruchmaterial der zwischen Kulm und Althaus gelegenen Potterburg errichtete er die Burg Mewe. Landmeister Meinhard von Querfurt gab dem Ort 1297 eine Handfeste, in der es heißt, Konrad von Rheden werde mit Erbschulzenamt und Besetzung der Stadt nach kulmischem Recht betraut. Eine Pfarrkirche bestand bereits. Die ältesten Teile der späteren St. Nikolauskirche stammen vom Anfang des 14. Jahrhunderts. Das Schloß, von der Kirche durch eine Schlucht getrennt, liegt am Osthang, der zur Ferse und Weichsel abfällt. 1921 brannte es aus. Als Mewe 1772 zu Preußen kam, hatte es 850 Einwohner. Friedrich II. siedelte hier zwischen 1774 und 1786 mehrere Handwerkerfamilien an. Der Markt wurde neu angelegt. Um 1880 gab es 120 Handwerker, darunter 51 Schuhmacher.

250 In der Pfarrkirche von SCHADRAU im Landkreis Berent, in der alten pommerellischen Landschaft Pirsna, aus der im 14. Jahrhundert das Bauholz für manch eine Kirche kam, steht eine bemerkenswerte Mondsichelmadonna aus der ersten Hälfte des 15. Jahrhunderts. Eine 75 cm hohe Holzschnitzarbeit eines westpreußischen Bildhauers, grobschlächtig, in der Gestalt wenig proportioniert, mit plumpen Händen bei Mutter und Kind. Der weite Faltenmantel, mehr Andeutung, verrät die gotische Linie. In der rechten Hand hält die Madonna ein Szepter, auf ihrem linken Arm thront das Jesuskind, die Weltkugel in der Hand. Die Gesichter, vom dunklen Haar umrahmt, sind schärfer ausgebildet als die Gestalten, doch recht flach gezeichnet. Die Kronen sind – wie bei den meisten Madonnen aus dieser Zeit – später hinzugefügt worden und passen nicht recht ins Bild. Das Hintergrundoval mit den flammend-spitzen züngelnden Ausläufern, einen Strahlenkranz darstellend, wirkt primitiv. Die Gottesmutter steht auf der Mondsichel, als Zeichen ihrer Jungfräulichkeit.

251 Ins Tal der Ferse, nach PELPLIN, verlegten 1276 aus dem mecklenburgischen Doberan nach Pogutken gekommene Zisterziensermönche ihr von Herzog Sambor II. gegründetes Kloster und begannen mit einem umfassenden Siedlungswerk. Die Klosterkirche, der Heiligen Jungfrau, St. Bernhard, St. Benedikt und St. Stanislaus geweiht, noch vor 1294 begonnen, in der zweiten Hälfte des 14. Jahrhunderts vollendet, gehört zu den bedeutendsten Kirchenbauten im Weichselland. 1823 wurde das Kloster aufgehoben, der Bischof von Kulm zog hierher, die Kirche wurde zum Dom.

252 Die Windmühle von NEUSTADT/Westpreußen ist ein Ziegelbau mit einer Holzhaube und einem, wegen der nicht ausreichend hohen Lage stark hochgezogenen Flügelpaar. Ihre wuchtige Erscheinung erinnert an die Mühle des ermländischen Dorfes Bansen im Landkreis Rößel. Die Bevölkerung lebte weitgehend von der Landwirtschaft, bis Neustadt nach 1871 Anschluß an die industrielle Entwicklung fand. Dies verdankte die Stadt nicht zuletzt dem Beschluß, sie zur Bahnstation zu erwählen. Zwischen 1921 und 1943 verdoppelte sich die Zahl ihrer Einwohner nahezu.

253 Als Geschenk erhielt das Kloster Oliva gegen Ende des 12. Jahrhunderts den »Flekken« PUTZIG, damals schon »Dorf« genannt. Bald tauschten die Mönche es jedoch gegen ein anderes Dorf ein, denn in Putzig sollte ein Markt eingerichtet werden. Neben Burg und »Flecken« legte der Deutsche Orden ein Zinsdorf und bald darauf auch eine Stadt an, deren Besetzung der Schulze des Zinsdorfes leitete. Gemeinsam erhielten Zinsdorf und Stadt im Jahr 1348 ihre Handfeste, in der ihnen das Recht auf Holzflößerei auf der Rheda zugesichert war. Eine Pfarrkirche bestand schon seit 1278. Zu den wohlhabendsten Bürgern zählten bald die Schiffer und Schutenbesitzer. Neben dem Holzhandel blühte die Fischerei. Später kamen Brauereien hinzu. Das Putziger Bier setzte sich rasch durch und war weit und breit begehrt. Im Schwedisch Polnischen Krieg wechselte der Besitzer der Stadt mehrfach, gegen Ende des 17. Jahrhunderts geriet sie in Verfall und wurde von Neustadt überflügelt. Putzig suchte keinen Anschluß an die moderne Industrieentwicklung; es blieb weiterhin ein Fischerstädtchen, das sich zu einem Badeort entwickelte.

254 Zwischen dem Waldrand der Danziger Höhe und dem Strand der Danziger Bucht wurden seit Mitte des 16. Jahrhunderts Bauernhöfe an reiche Danziger Bürger verpachtet, die hier Landhäuser errichteten. 1660 weilte König Johann Kasimir mit seiner Gattin in Zoppot; 1734 brannten fast alle Häuser ab. Fischer fanden sich zu Beginn des 18. Jahrhunderts ein. Seit 1823 schuf man Anlagen für ein Seebad. ZOPPOT erhielt 1874 eine Gemeindeverwaltung. Ein Kurhaus baute man 1880. Der Seesteg wurde auf 600 m verlängert und war der längste an der Ostsee. 1902 zur Stadt erhoben.

255 Das DANZIGER KRANTOR, Wahrzeichen der Stadt, steht neben dem Frauentor und der Sternwarte in der langen Speicherzeile am Ufer der Mottlau. Hier haben die Speicher ihre eigenen Namen: »Graue Gans«, »Milchmagd«, »Pelikan«, »Elephant«, »Engel« und »Bunter Hund«. Seit 1361 nahm Danzig an den Beratungen der Hansestädte teil, seit 1370 festigte sich sein Ruf als Handelsstadt. Getreide, Holz und Pech, sogar Bernstein wurden hier gegen englische Wolle, flandrisches Tuch, Wein und Salz ausgetauscht. Danziger Schiffe fuhren unter eigener Flagge, die Stadt strebte territoriale Unabhängigkeit an. 1455 fiel sie – zusammen mit Thorn und Elbing – vom Deutschen Orden ab, erhielt 1457 den Status einer »freien Stadt unter der nominellen Oberhoheit König Kasimirs IV. von Polen in dessen Eigenschaft als Herzog der Lande Preußen und im Verbund mit dem Preußenland«. Bis 1454 hatte Danzig die »unbedingte Führung aller preußischen und livländischen Städte auf den Hansetagen«. Die Stadt führte eigene Flagge, hatte eigene Schiffe, Steuern, Zölle, prägte Münzen, erließ Gesetze.

256 Seinem Reichtum verdankt Danzig die Überfülle der langgestreckten hochgiebligen BÜRGERHÄUSER, die das Bild der Stadt unverwechselbar erscheinen lassen. Daniel Fahrenheit, Andreas Schlüter, Daniel Chodowiecki und viele andere haben hier gelebt und gewirkt. Im Mai 1843 zog Joseph von Eichendorff in das Haus seines Schwiegersohns und schrieb folgendes Gedicht:

Dunkle Giebel, hohe Fenster,
Türme tief aus Nebeln sehn,
Bleiche Statuen
wie Gespenster
Lautlos an den Türen stehn.

Träumerisch der Mond
drauf scheinet,
Dem die Stadt gar wohl gefällt,
Als läg zauberhaft versteinet
Drunten eine Märchenwelt.

Ringsher durch das
tiefe Lauschen
Über alle Häuser weit,
Nur des Meeres
fernes Rauschen –
Wunderbare Einsamkeit.

Und der Türmer
wie vor Jahren
Singet ein uraltes Lied:
Wolle Gott den
Schiffer wahren,
Der bei Nacht vorüberzieht!

257 Adalbert von Prag hat auf seiner Missionsreise zu den Prussen den Fürsten von DANZIG besucht und dort zahlreiche Heiden getauft. Im 10./11. Jahrhundert entstand eine Burgsiedlung, später westwärts ausgedehnt, an deren Rand Ende des 12. Jahrhunderts als älteste Kirche St. Katharina erbaut wurde. 1178 ließen sich Mönche aus dem Kloster Kolbatz bei Stettin in Oliva nieder. In Danzig wurden Kaufleute ansässig und erbauten die Kapelle St. Nicolai, die 1227 den Dominikanern zufiel. Eine selbständige Stadtgemeinde erhielt 1240 das Stadtrecht und die eigene Stadtkirche.

258 ST. MARIEN in Danzig, größter backsteingotischer Kirchenbau im Osten, 1379 von Heinrich Ungeradin geplant und – nachdem der Glockenturm schon 1452 bis 1466 um zwei Geschosse erhöht worden war, bis 1502 zur Hallenkirche umgebaut. Die Kirche ist 112 m lang, im Querhaus 66 m, im Langhaus 44 m breit, bis zum Gewölbe 27 m hoch und hat einen 70 m hohen Turm. Das Geld für den Bau kam von den Gewerken und aus Stiftungen der Bürger. Im Innern reich ausgestattet, brannte die Marienkirche 1945 völlig aus. Memlings »Jüngstes Gericht« konnte jedoch gerettet werden.

259 »Zu den hervorragendsten Ausstattungsstücken der gotischen Kirchen hat man die prächtigen Altaraufsätze zu zählen, nicht bloß wegen der Bildnereien und Malereien, sondern hauptsächlich auch wegen der Schreinerarbeiten, des Zierwerks, der Bemalung und Vergoldung. Diese Flügel-, Schrein-, Klapp- oder Wandelaltäre sind meisterhafte Leistungen, sind Großwerke, bei denen das Massige und Schwere beim Schrein mit dem Reichtum der Baukunstformen, mit den reichen Zierschnitzereien und der wirkungsvollen Malerei zu einem wundervoll einheitlichen Bilde vereinigt sind«, schreibt der Kunsthistoriker Anton Ulbrich in seiner Kunstgeschichte Ostpreußens. Das gilt im hohem Maße vom HOCHALTAR in St. Marien in Danzig, einem Wandelaltar, den Meister Michel 1517 geschaffen hat. An der Schwelle der Reformation, kaum drei Jahre vor dem Reiterkrieg, entstand dieser Schrein mit der Marienkrönung. Maria zwischen Gott Vater und Gott Sohn, der die Engel die Krone vom Himmel bringen. Darüber das Lamm Gottes, monumentale Gestalten in einem Wald gotischen Filigrans. Ein Magnifikat an einer Zeitenwende.

260 Die 1343 begonnene und nach einem Plan von Hinrich Ungeradin von 1379 im Jahr 1502 von Hinrich Hetzel vollendete Kirche St. Marien in Danzig, eine HALLENKIRCHE, bei der Langschiff wie Querschiff beiderseits von gleich hohen Seitenschiffen begleitet werden, hat Wände und 26 Pfeiler von äußerster Schlichtheit. Die achteckigen Mittelschiffspfeiler wirken bei ihrer Höhe schlank in dem gewaltigen Raum unter den prächtigen Netz- und Sterngewölben, die den einzigen Schmuck des Innenbaus bilden. Die Fenster kennen kein Maßwerk, allein senkrechte Kunststeinstäbe halten die großen Glasflächen. In Schiff und Chor sind die Strebepfeiler nach innen gesetzt. Der Höhepunkt wird in der Vierung erreicht, wo die kolossalen Pfeiler den umschlossenen Mittelraum zwischen sich halten. Diese stehen im scharfen Kontrast zu den schmucklosen Wänden und Pfeilern. Die Sterngewölbe ziehen den Blick zum Himmel empor, doch die Wucht des Mauerwerks hält den Gläubigen auf der Erde zurück, obwohl sie ihm den herrlichsten Ausblick auf das Filigran der Netze an der Kirchendecke gestattet.

261 1467–1468 erhielt der vom Mittelrhein stammende, seit 1465 in Brügge als Bürger erwähnte Maler Hans MEMLING, Mitglied der Brügger Lucas-Gilde, vom Handelsvertreter der Medici in Brügge, Jacopo Tani, den Auftrag zu seinem berühmtesten Werk, dem WELTGERICHTSALTAR für St. Marien in Danzig; 1473 vollendet. Das Mittelstück ist zweizonig aufgebaut: Christus der Weltenrichter, darunter die Scheidung der Verdammten von den Seligen, denen jeweils ein Flügel vorbehalten ist. Ansätze zur Portraitmalerei wie auch zur Perspektive werden hier erstmals deutlich.

262 Der Danziger ARTUSHOF, um die Mitte des 14. Jahrhunderts bereits vollendet, erhielt 1477 eine Festhalle und 1616 seine endgültige Gestalt im Stil der Renaissance. Die Erneuerung zwischen 1477 und 1481 war nur dadurch möglich, daß die Stadt Danzig durch ihren Handels- und Gewerbefleiß eine führende Rolle eingenommen hatte, die es ihr ermöglichte, eine Reihe in der Ordenszeit begonnener Bauten zu vollenden. Das »Haus der Patrizier«, wie der Artushof später genannt wurde, gehörte zu den bedeutendsten Gebäuden der Stadt, die zum größten Teil am Langen Markt oder in der Langgasse standen. Er diente als Börse, zugleich als Festhalle für die Bürgerschaft. Für ihn schuf der Königsberger Maler Anton Möller sein berühmtestes Bild »Das jüngste Gericht«; vor ihm stand der in Augsburg gegossene Neptunsbrunnen. »In den Mittagsstunden«, schrieb der Dichter E. T. A. Hoffmann aus dem nahen Königsberg, »wogte drängend und treibend der Handel den mit Menschen verschiedener Nationen gefüllten Saal auf und ab, und ein wirres Getöse betäubte die Ohren.«

263 Pommersche Mönche aus dem Zisterzienserkloster Kolbatz bei Stettin ließen sich 1175 im Ort OLIVA nieder, um hier die Seelsorge zu betreiben. Fürst Sambor von Danzig gab ihnen Ländereien. Eine Kirche entstand als Basilika mit Querschiff und langem Chor, 1355 um zwei Joche verlängert. Ihre Westfront ist 1688 im Barockstil umgestaltet worden. Berühmt war die Orgel von Johann Wulff aus dem Jahr 1785, die bis 1934 Dienst tat. Das Chorgestühl stammt von 1606, die meisten Altäre wurden im 17. und 18. Jahrhundert geschaffen. Aus dem Mittelalter stammen die Klostergebäude mit Kreuzgang, Refektorium und Kapitelsaal. 1831, nach Aufhebung des Klosters, diente die Kirche der katholischen Gemeinde als Pfarrkirche. 1925, nach Gründung des Bistums Danzig, erhob der Bischof sie zur Kathedrale. Vor ihm hatten schon zwei ermländische Fürstbischöfe, Karl und Joseph von Hohenzollern-Hechingen, in den Jahren 1795 bis 1836 bevorzugt in Oliva residiert in einem Schloß im Rokokostil, 1754 bis 1756 anstelle einer Abtei erbaut, die die Äbte mit prächtigen Parkanlagen hatten entstehen lassen.

264 »Der liebe Gott ging durch den Wald, ganz allein, und seine Fußspuren leuchteten« ... »Es gibt Wälder, die uns beglücken, und Wälder, die mit ihrer unsäglichen Trauer sich über uns stürzen. Du geht in sie hinein wie in alle Wälder, aber mit dem ersten Schritt weißt du, daß sie dein Blut erfüllen werden mit der dunklen Traurigkeit von Totenzimmern. Hast du die Nächte des blauen Lichtes angetroffen, in denen ferne Gewitter hineinleuchten in die dunklen Gründe und blasse Signale aus Wolken brechen, dann magst du glauben, daß die Seele dieser Landschaft nach dir ruft.«

Landschaften und Kreisstädte Ostpreußens und Westpreußens